U0620232

浙大城市学院城市大脑研究院读本系列出版项目

浙大城市学院教材建设资助项目

# A GENERAL INTRODUCTION TO CITY BRAIN
# 城市大脑通论

城市大脑是杭州献给世界的礼物

**罗卫东** 主编

**方洁 颜晖 刘靖 杨武剑** 副主编

ZHEJIANG UNIVERSITY PRESS
浙江大学出版社
· 杭州 ·

**图书在版编目（CIP）数据**

城市大脑通论 / 罗卫东主编；方洁等副主编. —
杭州：浙江大学出版社，2023.12
ISBN 978-7-308-24480-0

Ⅰ. ①城… Ⅱ. ①罗… ②方… Ⅲ. ①城市管理－研
究 Ⅳ. ①F293

中国国家版本馆 CIP 数据核字(2023)第 240756 号

**城市大脑通论**

罗卫东　主编

方　洁　颜　晖　刘　靖　杨武剑　副主编

| | |
|---|---|
| **策划编辑** | 吴伟伟 |
| **责任编辑** | 宁　檬 |
| **责任校对** | 陈逸行 |
| **封面设计** | 李腾月 |
| **出版发行** | 浙江大学出版社 |
| | （杭州市天目山路 148 号　邮政编码 310007） |
| | （网址：http://www.zjupress.com） |
| **排　　版** | 杭州好友排版工作室 |
| **印　　刷** | 浙江全能工艺美术印刷有限公司 |
| **开　　本** | 710mm×1000mm　1/16 |
| **印　　张** | 9.5 |
| **字　　数** | 146 千 |
| **版 印 次** | 2023 年 12 月第 1 版　2023 年 12 月第 1 次印刷 |
| **书　　号** | ISBN 978-7-308-24480-0 |
| **定　　价** | 68.00 元 |

# 序一

城市大脑是杭州献给世界的礼物！

城市大脑是城市数字化的创造性产物，为城市治理体系与治理能力现代化推进提供了积极方案。杭州城市大脑从诞生至今经历了治堵、治疫、治城三个阶段。2016年4月，在王坚院士的建议和架构下，杭州市经济和信息化委员会与13家互联网企业联合攻关；三个月后，城市大脑正式上线运营，之后在城市交通治堵上不断深耕。2018年下半年开始，城市大脑指挥中心协同各专班以"百日攻坚"的方式完成了48个应用场景的开发，同时形成了城市大脑的中枢架构。2020年初，"健康码"和"亲清在线"平台的研发为新冠疫情防控和复工复产提供了数字保障。同年3月，习近平总书记视察杭州城市大脑运营指挥中心并给予充分肯定。之后，城市大脑建设以"双月攻坚"的方式不断拓展深度和广度，也向全国其他城市推广。2021年，浙江省提出了数字化改革的全面部署，城市大脑作为浙江省数字化改革的先行者，在城市数字治理方面展现出了广阔的发展前景。

城市大脑走过的艰辛历程和城市高质量发展带来的成就感，只有建设参与者才深知其滋味。城市大脑从民生需求出发，因解决城市治理的突出问题而生，几年来一直在"无人区"中探索，在取得真实成效的同时，一些问题也浮出水面。实践远远走在了理论前面，使得先进生产力的释放受到制约，而专业的城市数字治理人才的匮乏问题也日益凸显。

2020年3月，习近平总书记视察云栖小镇时，作为杭州市发展和改革委员会主任、城市大脑最初建设者中的一员，以及杭州城市大脑标志性场景"亲清在线"平台的主设计人之一,我在现场聆听了习近平总书记的重要指示。之后不到一个月,我到刚完成转公的浙大城市学院任职,有了大力推动城市大脑理论研究与人才培育的机会。杭州城市大脑研究院设在浙大城市学院,为城市大脑建设提供智力支撑。罗卫东校长受聘担任院长。他创新提出城市大脑"在线善治"理念,确立"以善治之道引数智之术"的立场,带领研究团队与实践团队"讲对、讲好、讲开"城市大脑故事。在杭州市数据资源管理局的支持推动下,为进一步做好教学科研和社会服务工作,浙大城市学院选派了10多位优秀教师,在方洁、颜晖教授的带领下组建团队,加入城市大脑建设专班;他们又成为王坚院士创立的非营利性研究机构、浙江省新型研发机构云栖工程院的志愿者,协同共建城市大脑,并为本书的编写打下了实践基础,同步磨练了师资队伍。

城市是有机生命体,大学是代表文明和智慧的组成部分。从哪里来,到哪里去?浙大城市学院作为有着强城市基因的高等学府,有其使命责任。浙大城市学院建校五周年时,收到时任浙江省委书记习近平同志的贺信,他勉励学校要建设成为"特色鲜明、质量优秀、充满活力的一流应用性地方综合性学院"。转设公办后,学校依然牢记嘱托,结合城市与教育的发展需求,以"城市+""数字+""应用+"为特色,奋斗于"十年创百强"的跨越式发展。从实践中发展理论,以研促教,科教创新,综合推进人才培育,服务城市,致力于成为对国家最有贡献的百所高校之一。本书的形成实则为学校系统发展中的一个观察点,也是一个实验性教育场景,它的编纂源于以学校城市数字治理创新班为代表的更多城市建设接班人的培养所需。为此,所有作者均亲身经历了城市大脑建设,对该主题的研究与人才素质需求有着真实的感触,这才使他们能够站在真实的数据、真实的社会基础上传道授业,实现与数字化时代同频。

希望这本书能够带领学生入门,为更多的好学共建者提供阶段性助力,也希望读者借这本书获得启发,理论与实践互为激荡,同学与同行推进城市文明。

洪庆华

浙大城市学院党委书记

2022 年 6 月

# 序二

  随着城市数字化时代的到来,城市治理乃至城市文明都遇到一个重大的课题:城市需要培养新一代真正具有数字化能力的治理人才,他们能够运用数字化思维、数字化技术、数字化手段,推动城市治理体系和治理能力现代化。为了满足城市发展对于数字治理人才的需要,这几年,我们依托浙江数字化改革和杭州城市大脑建设的生动实践,进行了一系列探索:由我主持的"'城市数字治理'人才培养的探索与实践"入选教育部首批新文科研究与改革实践项目;全国首个"城市数字治理创新班"在浙大城市学院落地,面向校内各专业学生"优中选优",已经成功开办两届;举全校之力,建设"城市数字治理"科教创新综合体,促进学科交叉、科教融合、资源汇聚,在行政管理专业开设"城市数字治理实验班"……而读者面前的这本《城市大脑通论》,以面向高校学生应用学习需求为引导,定位于通识性教学资料。本书首次系统梳理了起源于杭州的城市大脑治理体系、技术体系和应用场景,阐述了城市大脑的相关概念、内涵要义、组织架构和典型应用案例。部分内容得益于在浙江省数字经济发展领导小组办公室和杭州城市大脑建设指挥部指导下,由云栖工程院、浙江省信息化发展中心、城市大脑研究院和阿里云研究院组织撰写的《城市大脑发展白皮书(2022)》。作为在相关实践和教学的探索过程中总结形成的一份阶段性成果,我们希望本书可以为城市数字治理人才的培养做出一份贡献。

  通论作为方法论而存在,不是恒定的或是作为当下事实而存在。真实的城市实践存在方法论在地化转化理解和应用的多种可能。所以本书虽以实践为基,但不以描述现状为重点。此外,该方法论仍处于进化中。已有实践的方法论提炼之所以出现在本书中,也主要为了满足学生通识教育的需求。

作为大学校长,如何落实"立德树人"根本任务,加强和创新大学的人才培养工作,是我长期思考的问题。在我的理解中,大学是求知、求真、求是的熔炉,我们所要做的,就是为学生提供更多的机会和渠道,激发他们探索未知世界的欲望,激发他们非功利的、本真的学习热情,帮助他们找到自己纯粹的兴趣、人生的选择,把他们个人的成就感、使命感和更大的群体、更远的未来关联起来,让大学教育为他们注入生命的活力,为他们今后的发展打好基础。作为城市大脑研究院的院长,我认为"城市大脑"代表了一种新的理念,即借助数据的互通、资源的整合,打破信息孤岛、条块分割、数据垄断,坚持以系统观念看待城市和城市问题,促进城市可持续发展。基于城市大脑的城市数字治理不仅刷新了城市治理范式,其数字化的系统观与方法论更是深深触动了城市中的高等教育。对于有志于投身城市数字治理事业的青年学生,我希望他们不仅能够在实践和理论学习中了解社会现实,掌握过硬本领,以胜任城市治理实务需要,而且能够造就竺可桢先生所说的"清醒的头脑",具备韦伯所说的责任者的"自我清明"——面对数字化时代,年轻的未来治理者需要保持头脑清醒,坚持求真的精神和负责任的立场,扎实推动社会发展和文明进步。这是一项任重而道远的事业,也是需要我们共同努力的方向。

罗卫东

浙大城市学院校长

2022 年 6 月

# 编写组说明

　　2020年3月,习近平总书记视察杭州城市大脑运营指挥中心时指出,"运用大数据、云计算、区块链、人工智能等前沿技术推动城市管理手段、管理模式、管理理念创新,从数字化到智能化再到智慧化,让城市更聪明一些、更智慧一些,是推动城市治理体系和治理能力现代化的必由之路,前景广阔"①。城市大脑作为世界探索城市数字治理的一次前瞻性实践,从2016年诞生至今经历了治堵、治疫,已进入全面赋能城市治理的新阶段。

　　随着数字技术的不断迭代和数字化改革的不断推进,运用数字化工具推动城市治理和满足人们对美好生活的需要已经成为世界潮流。杭州作为数字经济第一城和数字治理的先进城市,积累了大量的实践经验和改革成果。而与此不相适应的是,社会科学理论总结严重滞后于数字化的前沿实践,整个社会科学的基本认知、理论范式、研究方法都面临着深层次重构,亟须对城市大脑这一新生事物进行系统化研究,对城市大脑赋能城市治理的实践创新进行深刻的总结和理论的提升。

　　本书以城市大脑赋能城市治理的实践创新为核心,以管理学、社会学、公共管理学、法学、新闻传播学等学科为基础,以计算机和信息工程等学科为支撑,通过学科数字化和数字学科化,实现城市大脑的理论化和社会科学的数字化变革,推动学科交叉融合和城市数字治理新文科的发展。

---

　　① 习近平在浙江考察时强调:统筹推进疫情防控和经济社会发展工作 奋力实现今年经济社会发展目标任务[N].人民日报,2020-04-02(1).

本书尝试从数字赋能治理的视角来理解城市大脑,首次系统梳理了城市大脑的治理体系、技术体系和应用场景,阐述了城市大脑的相关概念、内涵要义、组织架构和典型应用。全书分为六章。第一章为城市的演化和城市大脑的诞生,从城市的发展历史、现代城市的治理理论和城市大脑的诞生三个层面来分析城市大脑形成的历史必然性;第二章为城市大脑概述,简要阐释了城市大脑的定义、建设理念、组成部分和体制机制;第三章为城市大脑赋能城市治理体系和治理能力现代化,详细介绍了城市大脑的功能框架、治理目标、理念转变与模式创新、法治保障及实践意义;第四章为城市大脑的技术体系,主要介绍了大数据、云计算、人工智能、区块链等关键前沿技术和中枢架构;第五章为城市大脑的杭州应用场景,详细介绍了"亲清在线""民生直达""先离场后付费""先看病后付费""多游一小时""畅快出行"和基层治理创新等典型场景;第六章为城市大脑的生长,主要包括城市大脑在全国的推广实践及其与城市文明的关系。

本书由刘靖、张义修编写第一章,刘靖、姚瑶编写第二章,姚瑶、方洁、刘靖、孙雁编写第三章,杨武剑、唐培培、金苍宏、王贵、彭永昱编写第四章,刘靖、张义修编写第五章,张佳佳、张义修、刘靖编写第六章。值得一提的是,以上绝大部分为城市大脑研究院的青年领航学者,多元化的学科背景、共同的建设与研讨经历推动他们成为多学科交叉、文理相融的探索者。本书在构思、编写和出版的过程中,得到了浙江省数字经济发展领导小组办公室、杭州城市大脑建设指挥部、杭州市发展与改革委员会、杭州市数据资源管理局、杭州市经济和信息化局,以及其他市属部门和各区、县(市)等的大力支持和宝贵建议,在此表示由衷感谢。

从社会实践中提炼理论问题和认识方法,才不会陷入学科化的认识论隔离和无谓的意识形态争论。实践是一种真实的存在,它是流动的、鲜活的和富于变化的,而不是静止的、死寂的和一成不变的。基于城市大脑的城市数字治理是一场极富启发、创新、试错性的规模级社会实验,具有个别汇聚于整体的案例价值和方法论价值。发现和解释这种真实的实践逻辑,就是本书的任务。正如布迪厄对实践社会学区别于经验主义的认识:他要求探索"实践的逻辑",在实践中拧出它的(常常是未经明确表达的)逻辑,由此提炼出抽象的理论概念,而绝对不是纯粹经验研究的累积。①

　　本书作为高等院校数字化人才培养的教学用书,也适宜作为一种可用于广大干部特别是基层领导干部数字化素养培训的教材。数字化改革、城市大脑建设等相关从业人员亦可从本书中汲取知识和经验。城市大脑正处于快速成长的阶段,城市数字治理还是一个崭新的概念,随着数字技术的不断更新和数字化改革的不断推进,城市大脑的理论、概念和内涵仍在持续发展和完善。学科学术通识意义上的认知与真实实践认知还是存在张力的。因此,讲对、讲好、讲开城市大脑故事,让人们理解基于城市大脑的城市数字治理仍然是一项漫长而艰巨的工作。本书尝试提炼城市大脑方法论的通识,连接理论与实践。主要的实践素材截止于 2022 年 6 月。受限于编著者的能力,难免有不妥和疏漏之处,恳请专家、读者指正。我们将在未来的版本中不断更新、完善和丰富本书的内容。

---

　　① 黄宗智.认识中国——走向从实践出发的社会科学[J].中国社会科学,2005(1):83-93.

# 目　录

# 第一章　城市的演化和城市大脑的诞生

城市是人类进步的标志之一。经历了传统农耕文明、工业文明后,进入到当下的数字文明,可以说城市的生长随着生产力的发展和生产关系的调整而不断演化。未来接近 70% 的世界人口将生活在城市,城市将成为人流、物流、资金流、技术流和信息流最为集中的空间。然而,快速的城市化给经济发展、资源利用、生态保护以及可持续发展等多方面带来不同程度的影响,随着城市化以及人口不断增加,全球各地的城市将面临日益严峻的挑战。因此,习近平总书记强调"城市是生命体、有机体,要敬畏城市、善待城市,树立'全周期管理'意识,努力探索超大城市现代化治理新路子"①。本章梳理了城市的发展历史及其面临的治理困境,总结归纳了现代城市治理的相关理论,并以马克思主义城市理论为指导,详细介绍了城市大脑在中国诞生的历史必然性及其探索超大城市现代化治理的历程。

## 一、城市的发展历史

### (一)城市和城市化

城市是人类的伟大发明,是一部浓缩了的人类文明史。刘易斯·芒福德(Lewis Mumford)曾说:"城市实质上就是人类的化身。城市从无到有,从简单到复杂,从低级到高级的发展历史,反映着人类社会、人类自身同样的发展过程。"②

---

① 习近平在湖北省考察新冠肺炎疫情防控工作时的讲话[J].求是,2020(7):4-11.
② 芒福德.城市发展史:起源、演变和前景[M].宋俊岭,倪文彦,译.北京:中国建筑工业出版社,1989:2.

在人类的演进过程中,城市具备经济发展、科技进步、文化传承的基础力量。城市是一种"有机体",是人口、生产、资本、工业、商业、文化、科学技术、享乐和需求的集中。

由于城市的特性和复杂性,城市的研究涉及人口学、社会学、政治学、经济学、地理学、生态学、城市规划学等诸多学科,而且这些学科的城市研究往往自成体系,对城市有着独特的分析和理解。

人口学家认为,人是社会活动的主体,也是城市的主体,因此,城市是人口高度密集的地区,人口规模和密度是其判断城市的主要标准。

社会学家从社会结构角度来认识城市,他们认为城市与乡村的主要区别在于城市形成了一种特有的生活方式。因此,社会学较多关注城市居民的阶层结构、思维方式、生活方式、行为方式、价值观念、文化圈层等。

政治学家则认为城市是与大规模认可及其独特的组织制度和生活方式相联系的聚合体。正如亚里士多德对城邦本质的揭示,"城邦本来是一个社会组织,若干公民集合在一个政治团体以内,就成为一个城邦"①。

经济学家认为城市是工业和服务业经济高度集聚的结果,并将从事非农业活动的人口的规模以及非农业的产值所占比例作为衡量城市的标准。

地理学家重视城市的地理环境和地域特征,将城市看作是地处交通方便的、规模大于乡村和集镇的以非农业活动和非农人口为主的聚落。

生态学家关注人与自然的关系,认为城市是一个人口高度集中、物质和能量高度密集、自我稳定性差、自我调节能力弱的社会—经济—自然复合生态系统。

城市规划学家关注城市人居环境的建设,将城市看作是依一定的生产方式和生活方式在一定地域组织起来的居民点。

由此可见,观察城市的视角不同,对城市的认识就迥然不同。城市在发展,对城市的定义也在发展。正如刘易斯·芒福德认为的,人类用了5000多年的时间才获得对城市本质和演变过程的局部认识,也许要用更

---

① 亚里士多德.政治学[M].吴寿彭,译.北京:商务印书馆,1983:118-119.

长的时间才能完全弄清那些尚未被认识的潜在特征。①

21世纪,城市化(urbanization)成为人类进步和全球经济增长的强大引擎和核心动力。城市化是一种世界性的社会经济现象,是乡村分散的人口、劳动力和非农业经济活动不断进行空间上的聚集而逐渐转化为城市的经济要素,城市相应地成长为经济发展的主要动力的过程。

根据联合国及世界银行的统计数据,从1960年到2021年,世界城市人口从10.19亿人增长至44.54亿人,全球城市化水平不断提高,从1960年的33.6%发展至2021年的56.5%。未来,全球城市化进程依然会加快向前推进。联合国经济和社会事务部发布的《2018年世界城市化趋势》报告预测,2050年全球城市化率有望达到68.4%,接近70%的世界人口将生活在城市。这是人类历史上第一次,世界人口的绝大多数将生活在城市。

目前,全球城市化率较高的地区是北美和欧洲,但是城市化率提高较快的地区则是亚洲和非洲。1950—1990年,亚洲的年平均城市化率为1.5%,1990—2018年为1.6%,之后,城市化水平迅速提高,达到50%。预计未来10年,95%的城市化将发生在发展中国家。到2030年,全球预计将有43个人口超过1000万人的超大型城市,其中大部分位于发展中国家。

20世纪80年代以前,中国城市化进程相对较慢。党的十一届三中全会做出了实行改革开放的重大决策,改革重点很快转向城镇,城镇化进程开始加速,城镇化率从1978年的17.9%提高到2021年的62.5%。其中,2011年,城镇常住人口数量在历史上首次超过农村人口,实现了城乡社会结构的历史性转变。我国城镇常住人口由1978年的1.7亿人增长到8.4亿人,城市数量由193个增长到672个,户籍人口超过500万人的城市有14个,这14个城市的GDP总量已经超过10万亿元,仅上海、北京、深圳和

---

① 芒福德.城市发展史:起源、演变和前景[M].宋俊岭,倪文彦,译.北京:中国建筑工业出版社,1989:76.

广州 4 个城市的地区生产总值就超过 2 万亿元。[①]

占世界人口近 1/5 的中国迈入城市社会,显著地提高了人类发展的水平和整体素质。一个拥有 14 亿人口的大国用了几十年完成了西方国家近 200 年才完成的城市化进程,创造了人类历史的奇迹。美国著名经济学家、2001 年诺贝尔经济学奖获得者约瑟夫·斯蒂格利茨(Joseph Stiglitz)曾指出,中国的城镇化与美国的高科技将影响未来世界的发展进程。他还预言,新世纪中国将面临三大挑战,居于首位的就是城镇化。

党的十八大提出"走中国特色新型城镇化道路",我国城镇化开始进入以人为本、规模和质量并重的新时代。国家"十四五"规划纲要提出,我国常住人口城镇化率到 2025 年要提高到 65%。为此,党的二十大报告指出"推进以人为核心的新型城镇化,加快农业转移人口市民化。以城市群、都市圈为依托构建大中小城市协调发展格局,推进以县城为重要载体的城镇化建设",使更多人民群众享有更高品质的城市生活。

### (二)城市的演化

城市的起源可以追溯到 6000 年以前,考古学证明最早的城市起源于美索布达米亚平原,但城市产生以后并不是从一个地方扩散的,而是在不同地域产生后各自传播,这就是城市产生的多元学说。城市的出现,是人类走向成熟和文明的标志,城市是伴随着人类文明的进步逐渐发展起来的。从城市的发展演变来看,它基本上是统治中心、商业中心和生产中心三大功能集中复合的过程,并在此基础上派生出各种公共功能,日益演化为复杂的综合体。[②] 其中,城市的发展至少有三次重要的演化。

2000 多年前,城市初具规模之时,罗马人在城市中第一次引进了新的基础设施——道路,城市的繁荣开始以拥有多少匹马来衡量,人类社会进入了"马力时代"。在"马力时代",人类生产力相对低下,城市发展速度缓

---

① 国家统计局.城镇化水平不断提升 城市发展阔步前进——新中国成立 70 周年经济社会发展成就系列报告之十七[EB/OL].(2019-08-15)[2022-05-14]. http://www. stats. gov. cn/tjsj/zxfb/201908/t20190815_1691416.html.

② 芒福德.城市发展史:起源、演变和前景[M].宋俊岭,倪文彦,译.北京:中国建筑工业出版社,1989:52.

慢,农耕或畜牧成为当时城市的主要经济来源。因此,马匹成为一个城市文明和发展程度的象征。

18世纪中叶开始的工业革命带来了城市发展的黄金时期。机器生产替代了人力和畜力,城市的生产力水平得到了较大幅度的提升。其中,电力的使用使得城市的经济、政治和文化活力发生了前所未有的大发展。1882年,被后世称作"发明大王"的爱迪生,在美国纽约珍珠街建设了拥有六台发电机的发电厂。虽然这座发电厂只有30千瓦的容量,仅能提供城市照明的基本用电量,但却是电力第一次真正在人类生活中作为公共服务使用。事实上,英国最早发明了电,但将其作为公共服务使用却比美国晚了很多年。

20世纪初,纽约第一次把"电网"这一重要的基础设施引入城市,完成了城市的电气化,使得人类进入了"电力时代"。在"电力时代",电网成了国家的标准配置,电力真正成为人类生活、社会经济发展的基础设施。

当今,城市正在进入"算力时代"。在"算力时代",人们对计算的需求越来越大。云计算是解决"算力时代"计算需求的途径,"算力时代"是一个计算在线的时代。

当云计算和电一样成为这个时代基本的社会需求时,它会慢慢成为城市基础设施的一部分,支持整个经济社会的发展。随着城市大脑作为新的数字基础设施引进城市,数据和计算会变成城市发展不可或缺的基础。数据资源的价值是靠计算来实现的,那时城市将正式迈入"算力时代"。

### (三)城市治理的挑战

亚里士多德曾说,城邦的出现原是为了生存,但现在它存在是为了美好的生活。①

城市化通过把人口和经济活动聚集在城市地区,一方面,可以让企业节省生产和交易的成本,促进知识和技术的扩散,扩大市场规模,促进分工深化,从而提高生产效率;另一方面,城市地区还可以用更低的成本为居民

①　亚里士多德.政治学[M].吴寿彭,译.北京:商务印书馆,1983:7.

提供医疗卫生、教育等公共服务。因此，大多数经济学家都把城市看作"财富的创造者、吸引工业的磁场、创新的发动机"，并把城市化看作经济发展的必然趋势。

然而，快速城市化正在导致越来越多的问题，包括垃圾收集系统、供水系统、卫生系统、道路交通运输系统等基础设施和服务不足或负担过重，空气污染加剧，生态环境破坏等。城市化进程对经济发展、资源利用、可持续发展等多方面产生不同程度的影响。而随着城市化以及人口不断增加，全球各地城市管理者将面临日益严峻的挑战。

为应对城市发展中的一系列挑战，实现可持续发展，联合国2030年可持续发展议程的17个可持续发展目标之一就是"建设包容、安全、有抵御灾害能力和可持续的城市和人类住区"。

2020年初，突如其来的新冠疫情使得全球各大城市陷入公共卫生危机。部分城市运用互联网、大数据、人工智能等信息技术手段提升了城市治理的精细化、智能化水平，成功为疫情防控提供了有效助力。但大多数城市在此次防疫斗争中陷入瘫痪状态。因此，构建新型的智慧城市治理体系，提升科学决策水平和精细化管理效率成为更多城市治理者的首要选择。

## 二、现代城市的治理理论

### （一）马克思主义的城市理论

#### 1. 马克思与恩格斯的城市观

作为马克思主义的创始人，马克思与恩格斯亲眼见证并深刻分析了工业文明改变世界的最初历史，揭示了人类社会的一般规律与资本主义发展的特殊规律，也留下了许多关于城市问题的重要论述，形成了马克思主义城市观，在以下要点中体现了历史唯物主义的思想光辉。

第一，从物质生产方式的角度，揭示了现代城市的历史基础。物质生产实践是马克思主义区别于一切旧哲学的出发点，也是马克思与恩格斯理解城市问题的基点。他们强调,人类历史的第一个活动是物质生活的生产,一定的生产方式决定了一定的生活方式、交往方式以及意识观念。欧洲中世纪以来,工场手工业和商业的发展,造成了农村与城市的分离,形成一种新的"市民社会",这是城市发展史上的一个重要节点,而工业革命驱动资本主义开辟世界市场,"创立了巨大的城市","农村从属于城市"[①]的工业文明时代开始了。换言之,现代的城市是工业文明发展的产物与写照。

第二,从生产力与技术的角度,揭示了现代城市的物质进步意义。城市是"人口、生产工具、资本、享受和需求"[②]的集聚空间,城市之间的联系也随着生产的发展而日益密切,"大工业创造了交通工具和现代的世界市场","建立了现代的大工业城市——它们的出现如雨后春笋——来代替自然形成的城市"[③],彻底改变了城市乃至世界的面貌。"自然力的征服,机器的采用,化学在工业和农业中的应用,轮船的行驶,铁路的通行,电报的使用,整个整个大陆的开垦,河川的通航,仿佛用法术从地下呼唤出来的大量人口——过去哪一个世纪料想到在社会劳动里蕴藏有这样的生产力呢?"[④]他们重点研究了伦敦、曼彻斯特等城市的历史与建设成就,并从人类文明高度对其中的物质进步予以肯定。

第三,从生产关系的角度,揭示了资本主义城市对人的自由全面发展的制约。资本主义生产关系及其私有制造成"生产力只获得了片面的发展,对大多数人来说成了破坏的力量"[⑤]。这一点不仅体现在生产过程中,也体现在城市生活中。一是它造成城乡二元对立。"城乡之间的对立是个人屈从于分工、屈从于他被迫从事的某种活动的最鲜明的反映,这种屈从把一部分人变为受局限的城市动物,把另一部分人变为受局限的乡村动物。"[⑥]二是它造成城市生活的贫富分化,这突出表现为不平等的城市空间

① 马克思恩格斯文集:第二卷[M].北京:人民出版社,2009:36.
② 马克思恩格斯文集:第一卷[M].北京:人民出版社,2009:556.
③ 马克思恩格斯文集:第一卷[M].北京:人民出版社,2009:556.
④ 马克思恩格斯文集:第二卷[M].北京:人民出版社,2009:36.
⑤ 马克思恩格斯文集:第一卷[M].北京:人民出版社,2009:556.
⑥ 马克思恩格斯文集:第一卷[M].北京:人民出版社,2009:556.

规划与无产者极端恶劣的生活环境。

第四,从人与自然关系的角度,揭示了现代城市的生态环境问题。资本主义工业化带来繁荣进步的同时,也给城市带来了严重的生态破坏及其衍生问题。一是污染问题,大工业城市普遍存在严重的空气污染、河流污染、垃圾污染等问题,在工业区和工人住宅区尤为严重。二是生态破坏与资源消耗问题,新的生产生活方式极大改变了许多城市的自然地理环境,消耗了大量自然资源,造成"森林、煤矿、铁矿的枯竭"[①]。三是公共卫生问题,上述问题损害了城市居民的身体健康,造成许多疾病的滋生,加剧了城市中传染病的蔓延。

第五,从精神文明的角度,揭示了现代城市价值取向的隐忧。城市的繁荣推动了独立与平等观念的传播,也让城市生活充满了"赤裸裸的利害关系"和"冷酷无情的'现金交易'"[②],造成人际关系的冷漠与利己主义的甚嚣尘上。在资本主义大城市,"一方面是不近人情的冷淡和铁石心肠的利己主义,另一方面是无法形容的贫穷"[③],而城市中激烈的竞争甚至演化为"一切人反对一切人的战争"[④],造成城市中令人担忧的道德堕落、违法犯罪问题。由此可见,城市中存在不同群体之间的利益冲突、观念冲突,还不是一个"真正的共同体"[⑤]。

马克思与恩格斯的城市观为我们理解现代城市提供了完整、科学的基本框架,也展现出鲜明的人民性、实践性、革命性,其中许多观点对于我们理解城市的历史与现状、推动城市健康发展仍然深具指导意义。

2. 马克思主义城市理论的发展

马克思主义创立后,在世界的东西方沿着不同的实践路径发展,在城市问题上也取得了不同的理论成果。列宁充分肯定城市在现代社会中的作用,他指出:"在所有现代国家甚至在俄国,城市的发展要比农村快得多,

---

① 马克思恩格斯文集:第七卷[M].北京:人民出版社,2009:289.
② 马克思恩格斯文集:第二卷[M].北京:人民出版社,2009:34.
③ 马克思恩格斯全集:第二卷[M].北京:人民出版社,2005:304-305.
④ 马克思恩格斯全集:第二卷[M].北京:人民出版社,2005:359.
⑤ 马克思恩格斯文集:第一卷[M].北京:人民出版社,2009:571.

城市是人民的经济、政治和精神生活的中心,是进步的主要动力。"①基于此,他强调大城市中无产阶级的斗争,强调人民的政党在城市中的作用。十月革命胜利后,列宁提出:"城市必然要带领农村。农村必然要跟城市走。问题仅仅在于,'城市'阶级中的哪个阶级能够带领农村,能够担当这个任务,以及城市对农村的领导采取什么形式。"②列宁从党的领导、无产阶级的作用、工业建设及其与农业的关系等方面,围绕社会主义城市建设进行了重要的实践和理论探索,对苏联乃至整个社会主义阵营的城市建设起到了指导作用。

在西方资本主义国家,马克思主义同样得到许多思想家的关注,他们结合资本主义实践的新变化,积极运用和拓展马克思主义的思想武器,形成了马克思主义思潮。其中一些代表人物(亨利·列斐伏尔、大卫·哈维等)把城市问题作为其理论的核心,推动了马克思主义城市理论的发展。总体而言,可以将主要观点概括如下。

第一,在理论逻辑方面,解析了城市变迁与资本主义演进之间的内在联系。资本主义的价值实现与增值离不开空间维度的特定支持,因此,资本的逻辑内在驱动着城市空间格局与功能的不断重塑。资本主义的生产,不只是在城市空间之中进行,更是对城市空间本身的生产、消费和再生产,即按照资本的需要不断重建城市空间。换言之,城市空间不是单纯的地理场所、物理空间,而是维系资本主义社会关系、延伸资本主义循环链条的功能性空间。于是,政治经济学被提升为空间政治经济学,历史唯物主义被理解为历史—地理唯物主义。

第二,在现实批判方面,阐明了资本主义城市的一系列新变化、新问题。20世纪以来,西方资本主义城市出现深刻变化,也暴露出许多新的问题。福特制带来汽车的普及与大规模标准化生产的繁荣,也带来城市规模的急速扩张、交通与污染问题以及街区生活模式的改变。后福特制时代,发达国家进入"消费社会",消费主义成为城市主流文化,大型购物中心与

---

① 列宁全集:第二十三卷[M].北京:人民出版社,2017:358.
② 列宁全集:第三十八卷[M].北京:人民出版社,2017:6.

铺天盖地的广告构建起城市的拜物教景观体系。金融资本兴起后,在一些发达国家,城市基础建设与房地产业深度绑定、无序扩张,这种"时空修复"策略暂缓了资本的过度积累危机,但加剧了地域间的不均衡、城市内部的贫富分化,并且最终无法避免严重的经济危机。

第三,在实践指向方面,提出了以城市变革推动人的自由全面发展的方案。既然城市与资本主义的演进内在联系在一起,城市变革也就成为克服资本主义弊端、探索新的社会形态的可能路径。为此,需要扭转以资本为导向的城市空间规划,遏制金融对城市空间的投机性侵蚀,实现人在城市维度上的居住正义、就业正义、公共资源的公正分配、城市生态环境的可持续发展。为此,需要充分发挥多元主体对城市建设与治理的积极作用,修正资本主义城市发展的基本目标,以人的自由全面发展取代资本对无止境增长的狂热追求。

### 3. 当代中国马克思主义城市理论

中国共产党人坚持以马克思主义为指导,在革命、建设、改革各个历史时期,积极探索符合中国国情和历史阶段特征的城市建设与管理道路,不断丰富了马克思主义对于城市问题的理解。习近平新时代中国特色社会主义思想是当代中国马克思主义、21世纪马克思主义,蕴含着深刻而丰富的城市思想,是做好新时代城市工作、推动城市治理体系和治理能力现代化的科学指南。

第一,坚持以人民为中心的城市发展理念。一是把人民的需要作为城市发展的出发点。无论是城市规划还是城市建设,无论是新城区建设还是老城区改造,都要坚持以人民为中心,聚焦人民的需求,合理安排生产、生活、生态空间。二是把人民的感受作为城市发展的落脚点。城市建设要让人民有更多获得感,包括努力扩大公共空间,让百姓有休闲、健身、娱乐的地方,让城市更健康、更安全、更宜居,成为人民高品质生活的空间,为人民创造更加幸福的美好生活。三是把人民的参与和评价作为城市发展的重要支撑。人民城市人民建,人民城市为人民。城市是人民的,金杯银杯不如百姓的口碑,百姓说好才是真的好。

第二,坚持系统思维引领的城市工作方法。城市是生命体、有机体,城市发展有其规律,城市工作是一个系统工程。要做好这一系统工程,必须着力抓好五大统筹:一是统筹空间、规模、产业三大结构,提高城市工作全局性;二是统筹规划、建设、管理三大环节,提高城市工作的系统性;三是统筹改革、科技、文化三大动力,提高城市发展持续性;四是统筹生产、生活、生态三大布局,提高城市发展的宜居性;五是统筹政府、社会、市民三大主体,提高各方推动城市发展的积极性。

第三,坚持走中国特色新型城镇化道路。城镇化是现代化的必由之路,是我国发展必然经历的经济社会发展过程。一是要因势利导,做到四个更加注重:更加注重提高户籍人口城镇化率,更加注重城乡基本公共服务均等化,更加注重环境宜居和历史文脉传承,更加注重提升人民获得感和幸福感。二是要因地制宜,促进城市协调发展。发展壮大城市群和都市圈,优化提升超大特大城市中心城区功能,分类引导大中小城市发展方向和建设重点,形成疏密有致、分工协作、功能完善的城镇化空间格局,促进城市协调联动、特色化发展。

第四,坚持把城市生态和安全放在突出位置。不能只考虑城市的规模经济效益,而要统筹城市布局的经济需要、生活需要、生态需要、安全需要,在生态文明思想和总体国家安全观指导下制定城市发展规划,打造宜居城市、韧性城市、智能城市,建立高质量的城市生态系统和安全系统。要控制城市开发强度,推动形成绿色低碳的生产生活方式和城市建设运营模式。要让城市融入大自然,依托城市的现有山水脉络等独特风光,让居民望得见山、看得见水、记得住乡愁。

第五,坚持以先进技术推动城市治理现代化。推进国家治理体系和治理能力现代化,必须抓好城市治理体系和治理能力现代化,特别是要努力探索超大城市现代化治理的新路子。运用大数据、云计算、区块链、人工智能等前沿技术推动城市管理手段、管理模式、管理理念创新,从数字化到智能化再到智慧化,让城市更聪明一些、更智慧一些,是推动城市治理体系和治理能力现代化的必由之路。要坚持党建引领、重心下移、科技赋能,不断提升城市治理科学化、精细化、智能化水平,推进市域社会治理现代化。

### (二)从统治到管理再到治理

伴随全球城市化水平逐渐升高,城市病带来的挑战也日趋显现。许多国家尤其是发展中国家的公共部门不能应对城市发展的挑战,在这些国家的城市里,基础设施发展、住房建设和基本公共服务的配置不够充足,出现了比较严重的城市病或城市危机。这些城市病的出现不能仅仅归因于资源的缺乏,而是与城市治理能力的高低密切联系在一起的。

可以说,城市管理是一个古老的话题,各国政府解决城市病的过程也是曲折艰难的。在二战以前,绝大多数的城市是在当权者的"统治"之下以命令或指令的形式来管理的,人们依赖于政府为城市提供的必要公共品。而到 20 世纪 80 年代,在西方新自由主义思潮的影响下,许多城市政府开始把公共服务的私有化看作解决城市病的良策。世界银行将这种手段作为发展中国家结构调整项目的一部分,在广大发展中国家推广。城市政府开始像经营企业一样来"管理"城市。然而,到 20 世纪 90 年代,单纯的城市公共服务私有化也被证明是失败的。城市的管理会因私人部门主要考虑自身的利润和收益而陷入腐败和寻租的风险之中。正是在人们对政府的作用失望、对市场的功能也不再抱幻想之时,学界对治理理论的兴趣才被唤起。

学界对于治理(governance)的概念存在着大量不同的解释和用法。例如,罗兹(Rhodes)在其开创性的著作《理解治理》(*Understanding Governance*)中就曾指出,"治理"拥有六种不同的含义,[①]但该词本身并无特定意义,他也没有阐明规定性的定义。埃莉诺·奥斯特罗姆(Elinor Ostrom)则把治理看作在集体行动情境下,旨在管理个体与群体行为而共同确定的规范与制度。一般而言,"治理"的概念常常被作为一个区别性术语用来强调非政府参与者在管理过程中发挥的重要作用。相比"统治"是通过指令或强制性措施来管理,"治理"则是通过自组织网络来管理,[②]主

---

①  Rhodes R A W. Understanding Governance[M]. Buckingham: Open University Press,1997:27.

②  Colebatch H K. Making sense of governance[J]. Policy and Society,2014,33(4):307-316.

体更加多元,既包括公共部门、私人部门,也包括志愿组织等第三部门。更确切地说,治理在公共行政上是"一组协调和监督活动",使得合作伙伴关系或运行机制得以存在。

　　尽管"治理"的概念在不同学科背景和研究视角下非常不同,但通过梳理,学界对"治理"的特征基本上达成了一些共识。"治理"作为一种新的管理过程,从公共政策角度来看主要包含四大特征:一是治理的主体多元且互相依赖。治理比管理更为广泛,包括了企业、社会组织等众多非政府行为体。改变政府的边界,也意味着公共部门、私人部门和志愿组织之间的界限变得相对模糊。二是治理主体之间持续互动。由资源共享和协商共同目标的需求引发主体之间的协作或制约。三是治理主体的博弈式互动基于信任关系。由多元主体之间建立的合作网络受网络参与者协商并同意的博弈规则所控制。四是有一定程度上的自治权。治理主体及其网络对于政府没有责任,属于自组织,在运行机制上形成动态的"自主—共治"的合作网络联合体,但间接地、不完全地受到政府的管控。[①]

　　"治理"概念被引入中国之后,受到学者的广泛讨论和反思,最终形成了与中国政治发展实践相适应的含义。在中国,"治理"强调"有为政府"在协调各个治理主体之间的积极作用。正如俞可平所言,中国的改革是一种以政府治理或政府管理体制为重点内容的改革,国家及其政府是最重要的政治权力主体。[②] 中国的多元治理主体也是统一的,政党、政府、社会、公众四位一体,即在党的领导和政府主导下,与广大人民群众一道,共同治理国家和社会,从而实现人民幸福、社会和谐、国家富强。

　　在梳理了"治理"的概念后,城市治理的含义也就容易理解了。彼得斯等学者指出,城市治理是"个人及机构、公共部门和私营部门共同规划并管理城市公共事务的各种手段的总和,同时,它是一个持续不断的过程,通过

---

　　① Rhodes R A W. Understanding governance:Ten years on[J]. Organization Studies,2007,28(8):1243-1264.
　　② 俞可平.中国治理变迁 30 年(1978—2008)[J].吉林大学社会科学学报,2008(3):5-17,159.

彼此过程来调解多方利益冲突,并实现合作行动,达成共同目标"①。城市权力主体从单一到多元,城市权力性质从控制到协同的变化反映了城市治理概念的转变以及城市治理理论的发展。

城市治理理论主要探讨"如何促进跨地域治理或者推动不同主体的协作式治理机制,主要集中于中央政府、地方政府与市场、社会等非政府组织公私行动者的互动模式"②。从理论渊源和发展脉络来看,城市治理理论属于城市政治经济学和城市政治学的研究范畴,之前出现过城市权力结构、城市增长机器和城市政体理论,在西方国家的城市化进程中经历了从传统区域主义、公共选择理论学派到新区域主义的三次范式转换。③ 城市治理理论的演进,围绕着"由谁治理"的问题来探寻"如何治理"之道,呈现了城市权力在政府、市场与社会之间的配置状况和运行机制,形成了多中心治理、整体性治理等代表性城市治理理论,这些理论有相通之处又各有侧重。

## (三)多中心治理理论

"多中心"一词最早出现在英国学者波兰尼(Polanyi)的《自由的逻辑》一书中,用以阐述自发秩序(spontaneous order)的生成及社会自我管理的可能性问题。埃莉诺·奥斯特罗姆创立了"多中心治理理论",以公共池塘资源治理案例为对象,发现且有力地证明了在市场机制和国家机制之外存在自主组织、自主治理的解决方案,公共事务的治理应该摆脱市场或国家的单一中心模式,建立起政府、市场、社会三维框架下的多中心治理模式。多中心治理理论注意到社会运转背后复杂的市场自发秩序,将"市场"纳入城市权力结构之中,强调多元主体的公私合作伙伴关系,从科层制的垂直

---

① Peters B G, Pierre J. Urban Governance[M]// Mossberger K, Clarke S E, John P. The Oxford Handbook of Urban Politics. New York: Oxford University Press, 2012: 71-86.
② 曹海军. 国外城市治理理论研究[M]. 天津: 天津人民出版社, 2017: 29
③ 曹海军, 霍伟桦. 城市治理理论的范式转换及其对中国的启示[J]. 中国行政管理, 2013(7): 94-99.

控制转向多个利益主体间的讨价还价。① 政府、企业、社会组织、居民等作为城市中的平等主体,以信任为依据相互协作共同参与城市治理。

与其他治理理论相比,多中心治理理论有着明显不同的理论观点。

第一,对权威治理主体的界定不同。从一般意义上来讲,所有治理理论都提倡并肯定多元治理主体的价值和存在,但多中心治理理论强调组建治理权威主体,为微观治理环境中不同行动者成为平等的权威治理主体提供了论证。在其他治理理论中,权威主体仍然是指政府组织,非政府行动者是在平等参与的意义上进行定位的。

第二,对公私机制的功能处理不同。传统治理理论在批判"政府失灵"和"市场失灵"问题的同时,忽略了"治理失灵"的可能性,以至于理论界为此又提出善治理论来弥补这种缺陷。其理论逻辑在于默认公共机制与私人机制具有截然不同的性质的前提下,独立运用这两种机制,并发挥其作用。而多中心治理理论,则主张通过多层级、多样化的公共控制,将具有外在效应的事务治理内部化,这就实现了公私治理机制的联结和综合运用。

第三,对决策机制的层次处理不同。传统治理理论,强调决策中多元主体的平等协作和共同参与,但未能进一步区分不同类型的决策事项上存在的机制差异。多中心治理理论,总体上强调决策中心下移,非全国性的决策事项基于"地方性"的知识、信息,其决策更为有效。

城市治理现代化是国家治理现代化在城市治理中的表现,多中心治理理论的诸多优点契合了我国城市及其治理现代化的需求。与单中心治理模式相比较,多中心治理模式打破了传统精英治理模式中最高权威只有一个的权力格局,形成了一个由多个权力中心组成的治理网络(见图1-1),其为城市社会提供公共服务、供给公共产品及治理公共事务。西方国家的多中心理论也使得我们对传统精英治理模式提出质疑,且它们都难以使公众真正成长为城市治理的主体,甚至会陷入"无中心"的治理状态。② 因

① Bogason P, Toonen T A J. Introduction: Networks in public administration[J]. Public Administration,1998,76(2):76.

② 张桐.迈向共建共享的城市治理:基于对西方两个代表性治理理论的反思性考察[J].城市发展研究,2019,26(11):96-101.

此,我国的城市治理需要的并不是所谓的"多中心",而是多元治理主体共建共治共享的新格局。

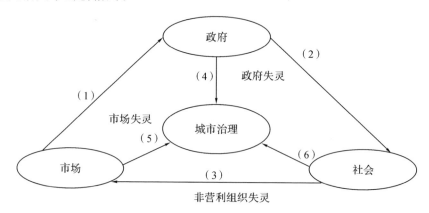

图 1-1　现代城市的多中心治理模式

## (四)整体性治理理论

整体性治理(holistic governance),亦称全局整治、全观型治理。该理论兴起于 20 世纪 90 年代"新公共管理运动"时期,其建构的实践基础植根在经济全球化、政治民主化、社会网络化、公众诉求多元化和信息技术快速发展的时代格局之中。该理论创始人佩里·希克斯(Perri Six)基于英国政府改革实践提炼的这一理论,与美国学者罗伯特·登哈特(Robert Denhardt)、珍妮特·登哈特(Janet Denhardt)提出的"新公共服务"理论遥相呼应,被视为继新公共管理理论之后的代表性治理理论。[①]

整体性治理理论主张三个方面:第一,整体性治理以碎片化治理困境为逻辑起点,认为必须进行政府组织架构和形态上的整合。佩里·希克斯认为,整体性治理是对新公共管理模式下政府管理碎片化和服务裂解性进行超越的结果,是在政策、规则、服务供给、监控等过程中实现整合,主要包

---

① 张立荣,陈勇.整体性治理视角下区域地方政府合作困境分析与出路探索[J].宁夏社会科学,2021(1):137-145.

括治理层级的整合、治理功能的整合和公私部门的整合三个方面。① 整合的基本目标是消除重叠以充分利用资源,提升政府治理效能。

第二,整体性治理以跨部门的协调为运作机制,主张通过频繁的跨界合作实现无缝隙的治理过程。整体性治理强调在组织间构建新的沟通方式和工作机制,在实践中运用跨越部门边界的沟通协调方法、技术与机制。在运行方式上,以扩大授权、信任和各主体间的相互依赖关系为基础,通过网络信息化的协调、整合等方式实现政府整合式运作。

第三,整体性治理强调整体主义的方法取向。整体主义方法论是由社会学家涂尔干提出的,他把社会看成一个有机整体,提出了"社会整体大于其部分之和""组织或个体行为应当顺应社会系统演化而变化"等观点。佩里·希克斯认为社会组织间差异的存在,是组织冲突和碎片化产生的原因,整体性治理就是要在"求同"和"化异"之间寻找解决之策,竭力反对从个体、局部和单一利益相关者的角度来建构理论方案,强调全景式应对相关治理问题。

近年来,随着信息技术的快速发展,整体性治理的载体基础才得以建立。事实上,整体性治理的效能在相当程度上取决于现代信息技术的发展。我国各地政府借助于信息共享平台、电子决策模型、电子政务大厅的融合应用,治理能力得到了显著提升,治理体系也得以更新。有学者认为,整体性治理的本质在于"借助数字化时代信息技术的发展,立足于整体主义思维方式,通过网络治理结构培育和落实协调、整合以及信任机制,充分发挥多元化、异质化的公共管理主体的专有资源和比较优势所形成的强大合力,从而更快、更好、成本更低地为公众提供满足其需要的无缝隙的公共产品和服务"②。

2020 年,浙江省提出了打造"整体智治、唯实惟先"的现代政府。围绕政府治理体系和治理能力现代化,全方位深化政府数字化改革,让政府服

---

① Six P,Leat D,Seltzer K,et al. Towards Holistic Governance:The New Reform Agenda [M]. New York:Palgrave,2002:29.

② 胡象明,唐波勇.整体性治理:公共管理的新范式[J].华中师范大学学报(人文社会科学版),2010,49(1):11-15.

务方式从"碎片化"转变为"一体化",群众、企业办事从"找多个部门"转变
为"找整体政府"。

浙江省提出的"整体智治"理念,包含两个有机统一的关键词。一是
"整体",强调在党的全面领导下多元治理主体之间的信息共享和有效协
调,这里的治理主体除了政府部门之外,还包括企业、社会组织、集体组织、
民众个人等。打通和整合党政机关、市场机构、社会机构等的各项职能,以
问题为导向,通过"整体性政府"或"治理共同体"来打破部门管理的碎片
化。二是"智治",体现为基于数字化并向智能化进阶的治理。它强调治理
主体综合运用云计算、大数据、物联网、人工智能等前沿先进技术,形成感
知、决策、服务、监管、运行的智慧治理,推动资源最优化、治理最高效的
实现。

"整体智治",不是"整体"和"智治"的简单叠加,而是两者的有机结合。
智慧治理为整体治理提供技术赋能方案,助力治理主体的有效协调,而整
体治理又为智慧治理提供了"以人民为中心"的公共价值取向。可以说,
"整体智治"的理论探索是中国城市治理理论的一次重大突破,是中国城市
实践上升为理论体系的自信。

# 三、城市大脑的诞生

## (一)智慧城市的演化及其反思

智慧城市(smart city)概念的前身为"智慧地球",源自 2008 年 11 月
于美国纽约召开的外国关系理事会,当时 IBM 董事长 Palmisano(彭明盛)
提出了"智慧地球"的概念,即将新科技与智慧系统注入各项服务与生活
中,这样的发展可以让生活更便利、更舒适,也可以促进产业开发及市场推
广。美国联邦政府在 2009 年的经济复兴计划中首次描述了智慧城市的
概念。

### 1. 智慧城市的概念

智慧城市的概念自提出以来,在国际上引起了广泛关注,并持续引发

了"什么是智慧城市"的探讨(见表 1-1)。一些定义将智慧城市界定为"具有智慧(智能)有形的社会、制度和经济基础设施,同时在可持续环境中以市民为中心"的城市。国际电信联盟(ITU)智慧城市焦点组(FG-SSC)给出的定义为:"智慧城市是创新城市,它在利用信息通信技术和其他手段改善生活质量、提高城市运作和服务效率并加强竞争力的同时,确保人们当前和未来的经济、社会和环境需求得以满足。"不同的人和不同的部门对"智慧"方式的理解也不尽相同。通常而言,这些定义要么是强调"好"的城市特征,要么是强调技术的先进。

表 1-1　智慧城市的学术定义

| 作者 | 定义 |
|---|---|
| Hollands | 智慧城市是监管并整合其所有关键基础设施(包括道路、桥梁、隧道、铁路、地铁、机场、港口、通信、水、电,以及主要建筑物)状况的城市,可以更好地优化资源,最大限度地为市民提供服务的同时保障城市安全① |
| Harrison、Eckman、Hamilton，et al. | 智慧城市是连接物理基础设施、信息技术基础设施、社会基础设施和业务基础设施,以利用城市集体智慧的城市② |
| Toppeta | 智慧城市是将信息与通信技术和 Web 2.0 技术与其他组织、设计和规划工作相结合的城市,并制定创新的解决方案来处理城市管理的复杂性问题,从而提高可持续性和宜居性③ |
| Washburn、Sindhu、Balaouras，et al. | 智慧城市是使用智能计算技术使城市的关键基础架构组件和服务(包括城市管理、教育、医疗保健、公共安全、房地产、交通和公用事业)更加智能、互联且高效的城市④ |
| 李德仁、邵振峰、杨小敏 | 智慧城市是城市全面数字化基础之上建立的可视化和可测量的智能化城市管理和运营,更为简练的说法是"智慧城市＝数字城市＋物联网"⑤ |

① Hollands R G. Will the real smart city please stand up? [J]. City，2008，12(3)：303-320.
② Harrison C，Eckman B，Hamilton R，et al. Foundations for smarter cities[J]. IBM Journal of Research and Development，2010，54(4)：1-16.
③ Toppeta D. The smart city vision：How innovation and ICT can build smart，"livable"，sustainable cities[J]. The Innovation Knowledge Foundation，2010(5)：1-9.
④ Washburn D，Sindhu U，Balaouras S，et al. Helping CIOs understand "smart city" initiatives：Defining the smart city，its drivers，and the role of the CIO[J]. Growth，2009(17)：1-17.
⑤ 李德仁，邵振峰，杨小敏. 从数字城市到智慧城市的理论与实践[J]. 地理空间信息，2011(6)：5.

尽管智慧城市尚无统一定义,但是各国在建设智慧城市中的共识是要尽可能提高城市资源管理、运行和服务水平,提升城市未来发展的竞争力,为居住在城市中的人提供高品质生活。按照这一理解,智慧城市应成为城市现代化的组成部分。信息与通信技术为城市现代化和智慧化发展做出了巨大贡献并将带来巨大收益,但绝不能以技术眼光孤立地看待智慧城市,而应将其看作是一个城市(或一个地区)不断寻找最佳运作方式的一种努力。

2. 智慧城市的发展

智慧城市的概念已经被提出十多年了。尽管对其定义争论不休,但是这并不妨碍各国竞相建设智慧城市。为了应对城市化带来的挑战和城市病问题,各国大力推进智慧城市建设。智慧城市建设已经成为驱动全球城市发展的核心战略。全球已经启动或在建的智慧城市多达1000多个,美国、欧洲、日本是智慧城市发展的领先区域。

(1)国外智慧城市的发展。智慧城市的理念源于美国。然而,美国开启智慧城市建设的标志是2015年9月习近平主席访美期间启动的"智慧城市周"。2015年9月14日,美国联邦政府宣布了《白宫智慧城市行动倡议》。在这项行动倡议中,美国政府宣布将投入至少1.6亿美元进行联邦研究,并通过至少25项新的技术合作帮助当地社区应对关键挑战,如减少交通拥堵、打击犯罪、促进经济增长、减少气候变化的影响和提高城市服务水平。[①]

欧洲在建设智慧城市的过程中,以物联网、云计算等为突破口,制定了较为完善的政策体系,涵盖了从战略计划、资金支持到组织建设的整个过程。欧盟利用六个评估标准来促进智慧城市的建设,依次是智慧经济、智慧环境、智慧治理、智慧机动性、智慧居住以及智慧人,其中发展低碳经济、促进人口就业、提升资源能源使用率是核心。当今欧洲不少城市将智慧城市建设实践寓于更明确的行动计划中,其中大致可以分为三类:一是直接提出建设智慧城市及其相关概念的城市,如伯明翰、巴塞罗那、巴黎等;二是以智慧城市建设的某个重要领域为切入点,并将其作为行动指南的城

---

① 李灿强. 美国智慧城市政策述评[J]. 电子政务,2016(7):101-112.

市,如里斯本、赫尔辛基、柏林、伦敦等;三是以气候变化为切入点,提出涉及智慧城市建设措施的城市,如阿姆斯特丹、哥本哈根等。①

在日本,智慧城市概念则最早由东京大学前校长小宫山宏提出。他认为,城市正在越来越庞大,各种城市病层出不穷,比如人满为患、垃圾围城、交通拥堵等。在小宫山宏的努力下,智慧城市的概念逐步受到重视,并得到了日本政界的关注。日本智慧城市的核心概念是"环境＋科技＋社区"。2009 年 7 月,日本政府推出"I-Japan 战略 2015",提出要在 2015 年实现"安心且充满活力的数字化社会",让数字信息技术如同空气和水一般融入生产和生活之中。此外,为应对环境恶化及人口老龄化,日本内阁会议于2010 年提出开发"环境未来城市",然后将其列为新发展策略构想,具有创新环境、社会、经济三大价值。从政府层面来说,"I-Japan 战略 2015"的主要关注点在电子政务、医疗健康信息服务、教育与人才培育等三大方面,在建设网络基础设施、重视新技术的研发和推广运用的同时,对远程医疗、电子病历、医疗合作等方面进行积极尝试。

(2)中国智慧城市的发展。中国的智慧城市发展较快。从数量来看,中国以 500 个试点城市建设居于世界榜首。国内所有副省级城市、89％的地级城市都明确提出或正在建设智慧城市,②并在东南沿海以及中西部地区形成了多个大型的智慧城市群。中国的智慧城市建设大体经历了四个发展阶段。

第一个阶段为探索实践期,从 2008 年底智慧城市概念提出到 2014 年8 月,主要特征是各部门、各地方按照自己的理解来推动智慧城市建设,相对分散和无序。

第二个阶段为规范调整期,从 2014 年 8 月至 2015 年 12 月,主要特征是国家层面成立了"促进智慧城市健康发展部际协调工作组",各部门不再单打独斗,开始协同指导地方智慧城市建设。

第三个阶段为战略攻坚期,从 2015 年 12 月到 2017 年 12 月,主要特

---

① 吴志强,柏旸.欧洲智慧城市的最新实践[J].城市规划学刊,2014(5):15-22.
② 中国信息通信研究院.新型智慧城市发展与实践研究报告[R].北京:中国信息通信研究院,2018:1.

征是提出了"新型智慧城市"理念并上升为国家战略,新型智慧城市建设成为国家新型城镇化的重要抓手,重点推动政务信息系统整合共享,打破信息孤岛和数据分割的局面。

第四个阶段为全面发展期,从党的十九大召开到现在,主要特征是各地新型智慧城市建设加速落地,建设成果逐步向区县和农村延伸。从建设重点看,进一步强化城市智能设施统筹布局和共性平台建设,形成智慧城市一体化运行格局。从实施效果看,通过叠加5G、大数据、人工智能等新技术发展红利,智慧城市网络化、智能化新模式和新业态竞相涌现,形成无处不在的智能服务,让人民对智慧城市有更切实的现实获得感。

3. 智慧城市的反思

尽管全球智慧城市建设如火如荼,然而当今大多数的"智慧城市"在严格意义上而言并不"智慧"。从战略、设计、建设、运营、维护等多维度来看,存在诸多问题,难以释放出一个城市智能化之后所真正具备的价值与潜力。主要问题在于:一是缺乏顶层设计。自上而下的智慧城市建设缺乏社区有效反馈,导致整体反馈机制效率不高,且各部分难以迅速形成合力应对突发问题。二是数据孤岛现象普遍。数据信息量大且繁杂,未实现跨领域融合,数据融合动力不足,数据协同作用不强。三是信息安全缺失。用户、应用程序、数据事务之间的连接不断增加,网络安全风险日益加大。四是法规监管不全。在智慧城市建设初期,尚未出台完善的法律法规。

中国在建设智慧城市时也意识到了这些关键问题。因此,2016 年 3 月发布的《中华人民共和国国民经济和社会发展第十三个五年规划纲要》首次提出要"建设一批新型示范性智慧城市",建设富有中国特色、体现新型政策机制和创新发展模式的智慧城市。2017 年 10 月,党的十九大进一步提出建设"智慧社会",2021 年《中华人民共和国国民经济和社会发展第十四个五年规划和 2035 年远景目标纲要》在"加快数字化发展,建设数字中国"篇章中拓展延伸至乡村,提出要"建设智慧城市和数字乡村"。这无疑是新型智慧城市的中国化和时代化表述。

新型智慧城市是在数字时代的大背景下,针对城市经济、社会发展的现实需求,以提升人民群众的幸福感和满意度为核心,为提升城市发展方式的智慧化而开展的改革创新系统工程。新型智慧城市也是富有中国特色、体现新型政策机制和创新发展模式的智慧城市,[①]其核心是以人民为中心,本质是改革创新。同一般性的智慧城市概念相比,新型智慧城市更加注重以下几个特征。

一是以人为本。国外的智慧城市理念重在对"物"的管理,主要是推广物联网、云计算等信息技术产品,而我国的新型智慧城市建设核心是以"人"为本,服务于我国以人的城镇化为核心的新型城镇化进程,以数字化变革缩小贫富差距最终实现共同富裕。

二是高效协同。新型智慧城市不是简单的城市内政府部门、业务条线的信息化,而是要实现互联互通、纵横联动,特别是城市层面的横向融通。新型智慧城市要着力推进数据协同和业务协同,着力打破信息孤岛和数据分割局面,突破地方和部门"各自为政"的局面,实现跨层级、跨地域、跨系统、跨部门、跨业务的协同,使省市县一体、部门间协作、政银企社联动从理念落地为一套可运转的高效机制。

三是改革创新。新型智慧城市的本质是利用新一代信息技术对城市进行重塑和再造,促进互联网、大数据、物联网、云计算、人工智能、区块链等新一代信息技术与城市管理服务相融合,推动城市治理体系和治理能力现代化。尤其是把创新作为最持续、最长久的竞争力,一体推动理念创新、制度创新、技术创新、应用创新、模式创新,倒逼政府流程再造和制度重塑。

### (二)城市大脑的探索历程

当今,世界各国的智慧城市建设都进入了瓶颈期,经历了一些挑战。当然,这些挑战也带来了难得的机遇,那就是利用数字赋能解决城市发展过程中的诸多问题。杭州,这座"天堂城市",乘着互联网发展的浪潮,在新型智慧城市建设之路上,率先以数字化变革开展了"城市大脑"的试验性探索。

杭州,之所以能够创造城市大脑,除了一直以来秉持"干在实处、走在

---

① 唐斯斯,张延强,单志广,等.我国新型智慧城市发展现状、形势与政策建议[J].电子政务,2020(4):70-80.

前列、勇立潮头"的改革创新精神,更重要的是沿着习近平总书记在浙江部署的"数字浙江"战略,一任接着一任干,一张蓝图绘到底。数字经济的绝佳优势成为杭州能够率先尝试用"城市大脑"治理一座城的基础。早在2000年,杭州就提出了"建设天堂硅谷"的目标。2014年,杭州又在全国率先提出了发展信息经济智慧应用,将信息经济列为全市"一号工程"。举世瞩目的2016年二十国集团领导人杭州峰会首次将"数字经济"列为《二十国集团创新增长蓝图》中的一项重要议题。会上通过的《二十国集团数字经济发展与合作倡议》标志着数字经济作为国家发展的新引擎成为各国的共识。而杭州也至此确定了打造"数字经济第一城"的新目标。

2018年7月,杭州市委十二届四次全会明确提出聚焦数字经济"一号工程",全面推进数字产业化、产业数字化和城市数字化协同融合发展,实施了《杭州市全面推进"三化融合"打造全国数字经济第一城行动计划(2018—2022年)》。2020年,杭州数字经济核心产业实现增加值4290亿元,增长13.3%,占全市GDP总量的26.6%。

正是因为数字产业化和产业数字化的突飞猛进,杭州才有了探索城市数字化——城市大脑的基础。过去20多年,中国持续投入城市信息化建设,特别是公安交警部门始终走在前列,积累了丰富的数据资源。然而,没有机器智能的帮助,一个城市的道路监控视频是无法被利用的。杭州城市大脑总架构师王坚院士曾经感慨,"世界上最遥远的距离不是南极到北极,而是从信号灯到道路摄像头",它们虽然在同一根杆子上,却从来没有通过数据被连接起来,摄像头捕捉的画面永远也不能转变为信号灯的变换。

城市大脑就是以互联网为基础设施,利用丰富的城市数据资源,对城市全局进行实时分析,解决今天靠人脑无法解决的问题,有效地调配公共资源,不断完善社会治理,推动城市可持续发展。基于这样的构想,在王坚院士的领衔下,杭州建设了全球第一个城市大脑。

1. 数字治堵:开启以大规模数据改善城市交通的探索

交通拥堵一直是困扰杭州市民出行的"老大难"问题,也是影响一个城市幸福感的重要因素。为了治理交通拥堵问题,杭州市委、市政府出台了多项举措。譬如,2011年10月起,实施了机动车工作日高峰时段区域"错峰限行"交通管理措施;2014年5月起,实施了全市小客车总量调控管理措施,同时通过城市有机更新,强化路网建设,加快杭州轨道交通以及道路交通基础设施建设,完善城市路网和停车设施,打通断头路,增加交通容量。可以说,杭州通过总量调控和加大道路供给在一定程度上缓解了交通问题,但是粗放式的调控措施仍然不能在根本上解决拥堵问题。

2016年4月,杭州以交通领域为突破口,开启了用大规模数据改善城市交通的探索。杭州通过城市大脑第一次用道路摄像头搜集的数据来辅助信号灯转换,依靠计算机视觉分析能力,对道路交通进行实时体检,宛如成千上万的交警全年无休地在路上巡逻。2016年10月,杭州发布了全球第一个城市大脑计划。2017年1月,杭州在全国率先成立数据资源管理局,让数据助力城市思考和决策,让数据成为城市发展的资源。2017年10月,杭州城市大脑交通系统1.0版本发布,并首次公布了运行一年的成效。总体上,在杭州主城区与交通数据相连的128个信号灯路口,试点区域通行时间缩短了15.3%,取得了杭州交通拥堵排名从全国第3名降到第57名的好成绩。

2018年5月,杭州组建成立云栖工程院,正式发布了《杭州市城市大脑规划》和《城市大脑建设管理规范》等地方标准。杭州相关部门成立工作专班,统一进驻云栖小镇,开展城市大脑建设"百日攻坚"行动。2018年11月,公安部在杭州召开现场会,分享推广城市大脑交通治理经验,在途交通监测技术为国内首创。基于在途量的应用,2019年7月,杭州实现了错峰限行措施的首次"松绑",允许部分非浙A车辆通过申请在错峰限行区域内通行。

**2. 数字治城:应用场景的推广建设向市域各领域覆盖**

城市大脑在交通领域的成功探索,让杭州看到了数字赋能城市治理现代化的可能性。2018年12月底,杭州城市大脑综合版发布了九大应用场景并开发建立了中枢系统,从此前单一的交通领域扩展至城管、卫健、文旅、警务、生态等领域,让城市治理更精细化,让公共服务更便捷化。

2019年2月,杭州上城区建立了"城市大脑湖滨综合实验区",开始了城市大脑在街区治理和基层社会治理领域的协同治理模式探索。2019年

4月,杭州城市大脑亮相香港国际资讯科技博览会,第一次在国际舞台上向全球推荐城市大脑的理念和"杭州方案"。杭州向外界展示了城市大脑中枢系统的强大算力和"便捷泊车""舒心就医""畅快出行"等应用场景的实践效果,受到了诸多国家的高度认可,沙特还特意派遣学习考察团到杭州实地考察。

2019年9月,杭州城市大脑建设工作发布会和现场推进会召开,发布了城市大脑数字驾驶舱。2019年12月,杭州城市大脑年度总结发布会召开,发布了中枢系统架构3.0版本和便民惠民应用场景,建成11大系统48个应用场景,覆盖城市治理、民生服务方面的痛点、难点、堵点等各种问题。杭州正式提出打造"全国数字治理第一城"的目标。

2020年底,杭州城市大脑已有1.22万个接口接入中枢系统,累计协同35.7亿次,中枢迭代至第五个版本。应用场景不断丰富,"先离场后付费""多游一小时""畅快出行""先看病后付费"等经典场景的成效不断凸显。通过打造"亲清在线"平台,上线兑付政策共330条,兑付资金76.3亿元,惠及企业27万家、员工80.5万人;推出"民生直达"平台,从"人找政策"到"政策找人",实现民生资金兑付"一个都不少、一天都不差、幸福秒到账",累计发放保障资金3.15亿元,惠及81.5万人次;在"智慧医保监管"平台,筛选出团伙刷卡机构300余家次,追回基金2000余万元;通过"一件事"改革,282个事项合并为75项,减材料50%、减时间60%、减跑次70%……"数字公交""美好居住""智慧电梯实时守护""便民车检""安心培训""安心找家政"等更多的应用场景不断出现。

### 3. 数字治疫:治理理念推动治理体系的诞生

2020年,全国新冠疫情暴发初期,杭州提出要通过城市大脑数字赋能疫情防控,实现精密智控、有序推动复工复产。2020年2月8日,杭州企业员工健康码正式上线,2月11日,杭州健康码全面上线。2020年3月,新型政商关系数字平台"亲清在线"平台和全程网上看地、拍卖、交易工业用地的"读地云"正式发布上线。

2020年3月,习近平总书记到杭州城市大脑运营指挥中心考察,杭州城市大脑建设应用成果得到了他的肯定和认可,习近平总书记希望杭州在建设城市大脑方面继续探索创新,进一步挖掘城市发展潜力,加快建设智慧城市,为全国创造更多可推广的经验。

杭州首创的健康码,第一时间数清了健康人群的数量,为政府复工复产的决策奠定了坚实的基础。"亲清在线"平台让政策红利直达企业,政府服务理念由"朝南坐等客"到"店小二送政策上门"。"亲清在线"平台改变了过去企业上门找政府、多次送材料等审批过程,变成"亲清店小二"将政策送上门,数据匹配秒到账,企业一次不用跑。

2020 年 4 月,杭州市委召开了全市深化城市大脑建设暨平安杭州工作推进大会。会上明确了持续做强做优城市大脑,打造全国智慧城市建设的"重要窗口"的新目标,并成立了杭州城市大脑建设指挥部和杭州城市大脑研究院。经过四年建设,杭州城市大脑建立起了"领导小组＋指挥部＋专班制＋总架构师＋云栖工程院＋城市大脑研究院＋产业创新基地"的组织结构,形成了"系统指挥、合力执行、政企联动"的协同体系。2020 年 11月,杭州市人大颁布了全国首部城市大脑地方法——《杭州城市大脑赋能城市治理促进条例》,用立法的形式总结固化实践经验,为城市大脑的行稳致远保驾护航。

### (三)数字化改革下的城市大脑

数字化技术的发展与应用全方位重塑了城市治理,在城市治理生态的网络化、城市治理制度的重构、城市治理事务的复杂化和城市治理过程的数字化等方面产生了深刻的影响。[①]

浙江省自 2003 年提出"数字浙江"以来,通过"四张清单一张网""最多跑一次改革"和"政府数字化转型",有力地推动了省域治理体系和治理能力现代化。2021 年初,浙江省委召开了全省数字化改革大会,"数字浙江"迈进了新阶段。

浙江的数字化改革,围绕一个总目标,即"数字浙江"建设,统筹运用三个手段,即数字化技术、数字化思维、数字化认知,把三个理念,即数字化、

---

① 陈水生.技术驱动与治理变革:人工智能对城市治理的挑战及政府的回应策略[J].探索,2019(6):34-43.

一体化、现代化,贯穿党的领导和"五位一体"总体布局的全过程、各方面,对省域治理的四个方面,即体制机制、组织架构、方式流程、手段工具进行全方位、系统性重塑,以此推动党政机关的四大改革,即流程再造、数字赋能、高效协同、整体智治,实现三大变革,即质量变革、效率变革、动力变革,最终建成全球数字变革高地。

为实现数字化改革,浙江运用了"业务协同模型"和"数据共享模型"。"业务协同模型",就是要全面梳理党政机关核心业务,从治理与服务两个维度形成业务事项清单,逐一明确各项业务流程的数据指标,实现核心业务数字化。"数据共享模型"就是要根据业务需求,明确数据共享方式,再造业务流程,将核心业务组装集成为"一件事",推进原有业务协同叠加新的重大任务。

为此,浙江部署了"1+5+2"的重点工作任务。"1"即一体化智能化公共数据平台;"5"即五个综合应用,分别是党政机关整体智治综合应用、数字政府综合应用、数字经济综合应用、数字社会综合应用和数字法治综合应用;"2"即数字化改革的理论体系和制度规范体系。

对照浙江省的数字化改革重点任务,杭州城市大脑的建设在公共数据平台,以及数字政府、数字经济、数字社会和数字法治等综合应用上都形成了特色场景并取得了显著效果。

杭州运用城市大脑推动城市治理现代化的探索,体现了数字化嵌入治理过程、数字化驱动治理变革和优化治理绩效的运行逻辑。杭州这几年的城市大脑实践经验,表明了城市治理对数字技术的发展与挑战并非单向度的被动适应,而是会通过行动响应与策略回应予以积极应对:一方面,通过理念变革、政策规划、制度规约等行动应对数字化的挑战;另一方面,形成支持数字技术发展与应用的响应策略,主要包括顶层设计、组织重塑、政策推动的发展战略,先行先试、试错容错的创新策略,"三化融合"的互补策略等。

## 思考题

1. 城市化对人类社会的挑战有哪些?

2. 目前,城市治理的理论有哪几种,核心观点是什么?

3. 城市大脑建设经历了哪几个阶段?

# 第二章　城市大脑概述

新型智慧城市建设在多地实践中形成了多种解决方案,城市大脑自2016年在杭州提出后,也逐渐成为更多城市为数字化转型而选择的方案。但不同的建设单位对于城市大脑的理解存在差异,这就使得城市大脑的概念一直没有统一。杭州作为城市大脑的策源地,以地方性法规的方式将城市大脑定义为新型智慧城市的数字基础设施,并以通用平台、系统与平台、中枢系统、应用场景、数字驾驶舱等要素为城市大脑的内涵做了进一步的诠释。城市大脑的建设秉持全周期管理、平战结合、便民惠企、撬动变革、安全高效的理念,构建出领导小组、指挥部、专班制、总架构师、云栖工程院、城市大脑研究院、产业创新基地并行的体制机制,形成了政产研通力合作的建设生态。

## 一、城市大脑的定义

### (一)概念的纷争

1. 城市大脑与新型智慧城市的关系

城市大脑是新型智慧城市建设的必由之路。新型智慧城市建设借助物联网、5G、云计算、人工智能、区块链、大数据等新一代信息技术,将商业、交通、通信、水和能源等城市运行要素整合在一起,汇聚了海量数据,其架构体系和协同关系十分复杂,必须通过城市大脑这一智慧中枢,才能实现对新型智慧城市规划设计、建设管理、运维服务的全方位管控。

城市大脑是构建新型智慧城市的核心单元。新型智慧城市是一个跨系统交互的大系统,不是硬件的堆叠与软件的重复建设,而是需要有一个中枢神经式的城市指挥系统。这个系统必须具备全面、实时、全量的决策能力,这就成为城市大脑诞生的基础,换言之,城市大脑是"系统的系统"。

2. 城市大脑的概念纷争

世界各大科技公司对城市大脑的探索较为积极,分别从各自的技术优势和价值理念上对城市大脑的概念做出了界定。

例如,阿里云 ET 城市大脑按照"城市管理要像绣花一样精细"的总体要求,打造以全面感知为核心的城市治理数据底盘,通过数据智能优化业务流程,打造场景化应用体系,建立以数据驱动的城市管理新模式,全面提升城市治理智能化和精细化水平。ET 城市大脑的三个重要技术标准是:整体认知,能够实时处理人所不能理解的超大规模全量多源数据;机器学习,能够从海量数据中洞悉人所没有发现的复杂隐藏规律;全局协同,能够制定超越人类局部次优决策的全局最优策略。

百度城市大脑围绕城市治理这一核心体系,设计了"1+2+1"的城市大脑架构,包括城市感知中台、城市数据中台和城市智能交互中台,通过充分进行多源数据的时空关联融合,具备"时空动态"的城市感知能力和多方数据融合协同能力,以数据为驱动力,提供全栈 AI(人工智能)的智能协同响应,实现对城市全要素全状态的全景洞察和发现。

事实上,理论界对于城市大脑也尚无统一的定义,不同主体从不同角度分别对城市大脑进行了界定(见表 2-1)。

从上述的概念纷争中,可以看出城市大脑本质上是一个技术创新推动城市治理模式创新、服务模式创新和数字经济发展模式创新的持续发展进程。全国信标委智慧城市标志工作组在《城市大脑发展白皮书(2022)》中梳理了学界、产业界等对城市大脑内涵的理解,总结认为:城市大脑(又称城市智能中枢)是运用大数据、云计算、物联网、人工智能、区块链、数字孪生等技术,提升城市现代化治理能力和城市竞争力的新型基础设施,是推进城市数字化、智能化、智慧化的重要手段。通过对城市全域运行数据进行实时汇聚、监测、治理和分析,全面感知城市生命体征,辅助宏观决策指挥,预测预警重大事件,配置优化公共资源,保障城市安全有序运行,支撑政府、社会、经济数字化转型。可以说,城市大脑作为提升城市现代化治理能力和城市竞争力的新一代信息基础设施和数字系统,已经成为新型智慧城市建设的核心内容。

表 2-1　关于城市大脑的概念界定

| 主要维度 | 视角 | 概念 |
|---|---|---|
| 技术维度 | 人工智能视角 | 城市大脑是城市建设伴随着 21 世纪互联网架构的类脑化过程,逐步形成中枢神经(云计算)、城市感觉神经(物联网)、城市运动神经(工业 4.0、工业互联网)和城市神经纤维(5G、光纤、卫星等通信技术),在上述城市类脑神经的支撑下,形成城市建设的两大核心:一是城市神经元网络(城市大社交网络)实现城市中人与人,人与物,物与物的信息交互。二是城市大脑的云反射弧,实现城市服务的快速智能反应。云机器智能和云群体智慧是城市智慧涌现的核心动力<br>城市大脑要搭建的是整个城市的人工智能中枢,是一个对城市信息进行处理和调度的超级人工智能系统<br>城市大脑是利用大数据、云计算、人工智能终端(物联网)三个核心构件组合体,为城市交通治理、公共安全、应急管理、网格防控、医疗卫生、环境保护、城市精细化管理等领域构建的人工智能中枢 |
| | 数据平台视角 | 以互联网为基础设施,基于城市所产生的数据资源,对城市进行全局的即时分析、指挥、调动、管理,最终实现对城市的精准分析、整体研判、协同指挥<br>城市大脑是基于城市所产生的数据资源,实现数据互联互通,对城市进行全局的即时分析,有效调配公共资源,不断完善社会治理,推动城市可持续发展的新模式<br>利用人工智能、大数据、物联网等先进技术,为城市交通治理、环境保护、城市精细化管理、区域经济管理等构建一个后台系统,打通不同平台,推动城市数字化管理 |
| 城市治理维度 | 治理功能视角 | 城市大脑是支撑未来城市可持续发展的全新基础设施,其核心是利用实时全量的城市数据资源全局优化城市公共资源,即时修正城市运行缺陷,实现城市治理模式突破、城市服务模式突破、城市产业发展突破 |
| | 城市生命视角 | 城市大脑就是基于城市生命体理念,以系统科学为指引,将散落在城市各个角落的数据(包括政务数据、企业数据、社会数据、生态环境数据、互联网数据等)汇聚起来,用云计算、大数据、人工智能等前沿技术构建的平台型人工智能中枢。城市大脑通过对城市进行全域的即时分析、指挥、调动、管理,从而实现对城市的精准分析、整体研判、协同指挥,帮助管理城市 |

对于如何理解城市大脑出现不同认知和定义,说明了这个领域正处于从萌芽到快速发展的阶段。但每一种理解对于如何建设城市大脑,在顶层设计和战略定位上会有重大影响。

### (二)杭州城市大脑:现代城市基础设施

对城市大脑的概念界定,企业界主要集中于技术领域,而理论界几乎是脱离实践的设想和"美好愿景"。不过,杭州自 2016 年开始建设城市大脑以来,逐渐摸索出一个较为成熟的城市大脑定义,并将之写入了地方法。

《杭州城市大脑赋能城市治理促进条例》第三条规定:城市大脑,是指由中枢、系统与平台、数字驾驶舱和应用场景等要素组成,以数据、算力、算法等为基础和支撑,运用大数据、云计算、区块链等新技术,推动全面、全程、全域实现城市治理体系和治理能力现代化的数字系统和现代城市基础设施。

市政公用设施或城市基础设施虽然大多数不生产物质产品,但却是社会物质生产以及其他各项社会活动的基础。缺少了它,各项事业都难以维持和发展,任何一方失灵,都将造成城市的局部混乱乃至整个城市的瘫痪。早在交通、能源基础设施兴建时期,国家即提出城市基础设施的现代化是实现城市经济、科技、生活现代化的基本条件,也是城市现代化的主要内容和标志。[①] 在数字时代,同样需要数字基础设施来承载数据的存储和流通。2021 年 9 月,国务院常务会议审议通过《"十四五"新型基础设施建设规划》,提出要加强信息基础设施建设,包括推动国家骨干网和城域网协同扩容,开展千兆光网提速改造,推进新一代移动通信网络商业化、规模化应用以及完善卫星通信、导航、遥感等空间信息基础设施等。强调要稳步发展融合基础设施,打造多层次工业互联网平台,并结合推进新型城镇化,进一步推进交通、物流、能源、市政等基础设施智慧化改造。[②] 从新型基础设施的建设要求来看,新型基础设施主要包括信息基础设施、融合基础设施、创新基础设施三类。其中,信息基础设施主要是指基于新一代信息技术演

---

① 刘岐.城市基础设施是制约城市发展的重要因素[J].城市规划,1983(1):18-19.
② 郭倩.央地加码"十四五"新型基础设施建设[N].经济参考报,2021-10-12(1).

化生成的基础设施,例如,以 5G、物联网、工业互联网、卫星互联网为代表的通信网络基础设施,以人工智能、云计算、区块链等为代表的新技术基础设施,以数据中心、智能计算中心为代表的算力基础设施等。

城市大脑是以人工智能、云计算、区块链等为技术底座,以中枢系统为核心的用于支撑城市级数据供应和流通的系统。从功能上而言,城市大脑是集成现有技术基础设施并匹配城市资源优化配置方案的不断迭代的数字基础设施。在城市大脑上,城市量级的数据得以互通互用。城市大脑在中枢系统的技术支撑下,为城市带来了城市智能。何为城市智能?目前在新型智慧城市建设中,虽然有大量的感知设备获取到海量数据,但如果没有数据协同和处理中心,城市是支离破碎的。中枢系统赋予城市大脑协同的能力,将城市的手脚眼协调起来,使城市资源的调配达到最优化,这就是城市智能。人工智能从出现开始就是在用机器替代人能做的事情,而城市智能是将城市作为有机体,为城市装上智能引擎。城市大脑正是用以支撑城市智能发育的基础设施。

### 1. 城市大脑是城市治理体系和治理能力现代化数字系统解决方案

数据的价值需要通过应用来体现,简单的汇集、沉淀是无法发挥数据价值的。唤醒沉睡的数据,让数据流动起来产生应用价值是城市数字化的核心要义。城市每天会产生大量的数据资源,通过城市大脑提炼加工、融合交互、协同调度,可以让数据作为基础资源流动起来,发挥其最大价值和效用,为城市数字化建设做出全新的基础性贡献。城市大脑是城市数字化、精细化、智慧化的时代产物,是城市实现治理能力现代化的重要途径,努力让城市更聪明一些、更智慧一些。

### 2. 城市大脑从传统数据共享变为中枢系统协同

城市大脑突破了传统意义上的各类数据共享与数据汇聚的局面,通过建立一个城市量级的超级数据协同中心的做法,为数字城市建设提供了中枢化解决方案。通过中枢系统提供数据服务和算力服务,极大提升了全市数据和系统的协同能力,也避免了传统意义上智慧城市建设"中心化"或"中台化"带来的各类问题;真正打破数据孤岛和信息碎片化现状,提高资源配置水平和资源利用率。截至 2020 年底,城市大脑已有 1.22 万个接口接入中枢系统,累计协同 35.7 亿次,中枢系统迭代了五个版本。

3. 城市大脑让数据资源不断优化城市公共资源

数据越关联、越开放就越有价值,城市大脑坚持"让数据资源不断优化城市资源,让社会资源变公共资源"的理念。在推动城市大脑建设上,首要的目标任务是把各类资源数清楚、把家底摸清楚,让各类城市资源实现数字化,并确保数字的实时在线,通过城市大脑中枢系统产生协同效应,不断优化城市公共资源。杭州通过城市大脑系统协同,让交通更智能、停车更便捷、就医更舒心、旅游更欢快,提升了百姓的获得感,同时通过不断优化迭代,让城市运行更节能、更高效。

4. 以技术融合推动城市管理模式变革

城市大脑通过对城市数据的深度采集、挖掘和治理,能够充分融合云计算、大数据、人工智能、空间地理信息等技术应用,构建政务服务"一网通办"、城市运行"一网统管"、社会治理"一网共治"的特大城市数字治理系统。横向实现各垂直部门的业务协同,将深层级治理结构简化为扁平化的新型治理结构,还将推动政府机构改革,驱动职能部门的流程再造。

# 二、城市大脑建设理念

城市是人类最重要的发明之一,是科技创新和演进的重要载体。中国在智慧城市建设中投入了大量资金,但缺乏城市治理体系和技术体系的支撑,造成了巨大的浪费,牺牲了许多宝贵的发展时间。

城市大脑诞生在杭州,是城市数字化的抓手,通过城市治理体系的创新,形成了城市数字化推动科技创新的新机制,全面带动了大中小企业技术创新和数字化转型。

城市大脑是提升城市治理水平、创造美好生活的重大举措,要加强顶层设计,坚持"全周期管理、平战结合、便民惠企、撬动变革、安全高效"的基本理念。

## (一)全周期管理

把城市作为生命体、有机体,增强城市大脑的系统功能,全面实时感知人流、车流、物流、商流等城市生命体征的细微变化,全程实时分析市民群众从衣食住行到生老病死的民生需求,全域实时处置生产、生活、生态各领域发生的事件,形成"全景呈现常态运行情况—精准预警研判风险隐患—高效应对处置突发事件—复盘提出补短堵漏建议"的有机闭环。

### (二)平战结合

围绕为城市公共管理、公共服务、公共交通和市政设施等各系统的正常运行提供数字化支撑,着眼为防范化解公共卫生事件、事故灾难、自然灾害等重大风险提供解决方案,推动一般常见问题及时处理、重大疑难问题有效解决、风险防范关口主动前移,真正做到平时好用、战时管用。

### (三)便民惠企

始终践行以人民为中心的发展思想,坚持数据资源"取之于民、用之于民",突出问题导向、需求导向,主动回应市民群众与市场主体需求,聚焦用户体验,精心打造政策、服务、资金等直达基层、直达企业、直达民生的各类应用场景,让群众爱不释手、企业可亲可感。

### (四)撬动变革

坚持理念创新引领技术创新,技术创新倒逼制度创新,以"最多跑一次"改革的做法、机制和作风,通过应用新技术、推出新场景,从制度设计源头出发,确保"数据多跑路、群众少跑腿"落到实处,在更大范围、更宽领域、更深层次倒逼政府自身改革,推动管理服务模式重塑。

### (五)安全高效

充分发挥政府顶层设计、系统推进的主导作用,加强政企合作、多方参与,强化法律、政策、监管的统筹协调,深化关键基础设施、关键数据资源保护,一体化提升安全防护能力与开放应用水平。

## 三、城市大脑的组成部分

城市大脑由通用平台、系统与平台、中枢系统、应用场景和数字驾驶舱等部分组成,是城市级的整体平台。

## (一)通用平台

城市大脑的通用平台基于省市政务"一朵云"、公共数据平台等政府数字化转型基础设施,以设区市为主体建构,总体框架包含逻辑架构、技术支撑、数据资源、标准规范、安全保障、应用服务、运用支撑等主要内容,具备计算、数据资源整合、算法服务、物联感知汇聚和网络安全保障等五大能力。

浙江省在2021年初提出的数字化改革总体方案中,提出打造"健壮稳定、集约高效、自主可控、安全可信、开放兼容的"一体化智能化公共数据平台。在原有公共数据平台的基础上,叠加智能分析、研判决策等功能,建设完善基础设施、数据资源、应用支撑、业务应用、政策制度、标准规范、组织保障、政务网络安全"四横四纵"八大体系和"浙里办""浙政钉"两大终端,全面服务党委、人大、政府、政协、法院、检察院、纪委监委、群团、社会组织、公共企事业单位等改革主体,有效支撑党政机关整体智治、数字政府、数字经济、数字社会、数字法治全领域改革,数字赋能决策、服务、执行、监督和评价履职全周期。

## (二)系统与平台

城市大脑的系统与平台以政府数字化转型为基础。市级部门建设的统称为系统,如杭州市公安局建设的称为城市大脑警务操作系统。区、县(市)建设的统称为平台,如杭州市上城区建设的称为城市大脑上城平台。系统与平台的重要作用之一就是数据整合。系统与平台的好坏反映了条、块数字化改革的程度,其中的数据质量反映了数字化转型的工作质量。社会和企业的数字化系统与平台也是城市大脑的基础,如国网浙江省电力有限公司杭州供电公司与城市大脑实现互通。

## (三)中枢系统

城市大脑的中枢系统是解决城市治理能力碎片化问题的关键,充分体现了城市级的"整体智治"。在城市大脑中,中枢系统通过中枢协议,实现全社会的数据互通,有力支撑技术融合、业务融合、数据融合,实现跨层级、跨地域、跨系统、跨部门、跨业务的协同管理和服务,支撑多样化的便民服务应用场景、惠企服务场景,提升政企协同能力,实现数字治理的现代化。不同城市的城市大脑也可以通过中枢协议实现互联互通,实现区域治理现代化。

中枢系统是城市大脑的关键技术突破之一。云计算、大数据、区块链和人工智能等技术在中枢系统组织下形成了一个技术整体,在城市数字化过程中能融合更多新技术,以城市为载体带来更多的科技创新。

### (四)应用场景

城市大脑的应用场景是在跨部门流程再造的基础上,通过数据的协同完成的便民、惠企服务和基层治理工作。场景是治理体系的具体体现,也是系统与平台的试金石。场景变行政协调为数据协同,实现了过去不具备的治理能力。一个好的场景需要治理思想和系统与平台的支持。例如,城市大脑"医院周边治理"场景体现的就是跨部门(交警、城管和卫健等)、跨区域(杭州上城区、原下城区和原江干区)的协同,以街道为主体解决了过去多年没有解决的问题。在城市大脑中,各部门和区、县(市)可以独自完成的便民、惠企服务和基层治理工作,统称为应用,也是数字化转型的重要组成部分。

### (五)数字驾驶舱

城市大脑的数字驾驶舱是数字化治理的综合工具,也是城市治理的第一现场。场景建设中体现的治理能力,通过数字驾驶舱体现和沉淀下来。数字驾驶舱是基于中枢系统的数字化管理工具,通过为各级城市治理实战提供数据化、在线化、智能化的功能,做到横向到边、纵向到底。杭州经历了市级(一级),副市级(二级),市级部门及区、县(市)级(三级),区、县(市)级部门及镇街级(四级),镇街部门及村(社)级(五级)的"五级机长制",向提高真实互动操控性上转型。

# 四、城市大脑建设的体制机制

城市大脑在建设期中充分注重政府主导力、企业主体力、社会运作力、市场配置力、媒体引导力"五力合一"的复合体协同推进城市大脑建设。初期构建了领导小组、指挥部为"雁头",产业协同创新基地为"雁身",云栖工程院、城市大脑研究院为两翼的"雁阵"攻坚团队。云栖工程院是各头部数字科技企业抽调的技术骨干以志愿形式组建的民间非营利组织,在王坚院士的牵头下负责城市大脑技术体系研究;城市大脑研究院由本地高校、社会开发机构的研究人员组成,致力于以"城市大脑赋能城市治理现代化"为端点延伸的理论和应用研究,促进城市数字治理的研究转化,推广传播先进的数字治理理念和思想。多方合力,复合协同,形成了政产研通力合作的数字生态,为城市大脑建设提供不竭动力。

## (一)集聚党政整体智治改革力量

### 1. 组建领导小组,体现党政整体智治

成立改革领导小组以加强对专项改革行动的组织和领导,已成为我国治理的一种基本模式。领导小组"定向选取"并"重新组合"职责相关联的若干常设部门成为领导小组的成员单位以打破部门壁垒,以党政主要领导人为领导小组负责人,提升部门之间的协调能力,推动改革目标的落实。杭州在建设城市大脑时以城市数字治理改革为目标,以杭州市党政一把手为领导小组负责人,在市级层面成立了杭州城市大脑建设工作领导小组,由市领导组成决策小组,各区、县(市)和各部门主要领导均为领导小组成员。这样的领导小组配置可以整合政府改革的最大力量,扁平化地推进数据协同、业务协同,能够大力推动建设工作且提供坚实保障,发挥党政整体智治的体制优势。2020年6月,杭州市委十二届九次全体会议通过《关于做强做优城市大脑打造全国新型智慧城市建设"重要窗口"的决定》,进一步强调深化城市大脑建设的重大意义,切实增强打造全国智慧城市"重要窗口"的使命感和紧迫感。城市大脑领导小组的配置有利于市委、市政府

主要领导人对整体工作推进进度的准确把控和及时调整,协调全市资源和力量,将城市治理现代化数字系统解决方案作为全市"头号工程"。

2. 城市大脑建设指挥部作为统筹推进的攻坚组

2017年1月,杭州在全国率先成立数据资源管理局,并在数据资源管理局设城市大脑指挥部,构建城市大脑运营中心。主管部门以"数据资源"为名,体现了该部门以数据资源的协调和配置为核心职责。2020年4月,杭州市数据资源管理局增挂"城市大脑建设指挥部"牌子,统筹协调总体规划、需求梳理、中枢运维、数据协同、规则沉淀等各项工作。在具体执行中,城市大脑建设指挥部是城市大脑建设工作的实际操盘手和先锋队,负责规划落地和统筹协调,是推动城市数字化转型和数字化改革的核心力量。精简的部门设置、专班的作战模式和组织机构上的保障在一定程度上减少了政府部门科层制所造成的内耗。各地筹建区、县(市)级城市大脑建设指挥部,各相关部门在"一把手"负责制领导小组和专班框架下,设立城市大脑建设部门分指挥部,由分管领导具体负责指挥,落实市指挥部的工作部署,合力推进应用场景、综合场景、部门及分管市领导的数字驾驶舱建设工作。

3. 专班制创新数字化改革执行机制

城市大脑从场景建设开始,就以项目为单元,建立工作专班。专班人员分别来自政府部门和企业,统一进驻云栖小镇集中办公。传统的议事协调机构以部门业务协调为目的,主要以领导小组讨论方式开展工作,但出现了异化现象,为了应付专项工作设置临时机构,使本来单行政部门能够解决的事情,变成了"文山会海"的形象工程,反而降低了行政效率。专班以人的整合为目的、以解决问题为导向,不要求形式上的会谈,只是业务上的沟通和协作。因此专班不是机构而是机制,机构强调物理空间里的聚集,机制是以任务目标为核心的工作方式。指挥部为专班提供合作办公的空间,不是为了聚集,而是为了服务。专班既分工又合作,既独立又打通,在办公场地、后勤服务、设备设施及云资源等方面给予统一保障。基于攻坚任务安排设置的专班,在组织形式上具备较大的弹性,工作人员动态调整,阶段性任务完成时则解散实体建制,但关联企业和工作人员仍然保持紧密的协作。

### (二)建立学科交叉型的创新研究平台

#### 1. 云栖工程院支撑技术体系研究与技术运维

云栖工程院是由杭州市云栖科技创新基金会发起成立的民办非营利科学与工程技术创新机构,支持用非营利方式进行科学与工程技术创新,探索技术创新的新机制,代表了城市大脑建设中社会力量的共建能力。云栖工程院充分体现面向未来、面向全球的研究型和服务型社会机构的特点,专注城市的可持续发展问题,以城市大脑为基础,用科技创新解决全球面临的挑战,努力成为科技创新的引擎。云栖工程院向全球开放了"城市大脑开放研究计划",提供了一个开放的环境,通过邀请制,柔性聚集了一批最大意愿、最大兴趣的年轻人专注城市大脑研究,解决共同问题。

#### 2. 城市大脑研究院致力治理体系研究与决策咨询

城市大脑研究院于 2020 年 10 月成立,是以浙大城市学院为代表的高校联合打造的高水平的政用产学研协同创新平台,致力于城市大脑治理体系研究。城市大脑研究院在发挥社会科研机构机制灵活优势的同时,整合浙江省、杭州市、浙江大学、浙大城市学院等优质资源,以城市为研究本体,紧紧围绕数字技术进步助力国家治理体系和治理能力现代化的发展趋势,聚焦"城市大脑赋能城市治理",深入开展城市大脑作为城市创新发展的新公共基础设施所引发的政治、经济、社会、文化、生态深刻变革的相关理论、实证和政策研究,助力浙江省打造全球数字变革高地和社会主义现代化先行省,为"建设网络强国、数字中国、智慧社会"提供强大的智力支撑。

### (三)打造产业协同创新基地

杭州城市大脑产业协同创新基地是杭州市政府探索城市大脑开发建设和产业发展的新起点。2019 年 12 月,在杭州城市大脑 2019 年终总结发布会上,杭州市政府正式授牌成立杭州城市大脑产业协同基地并落户云栖小镇,通过基地组织好政府力量、科研力量、企业力量,共同服务于城市的治理创新。同时,以城市大脑实践为基础,开放城市大脑科技创新平台,凝聚全球范围的人才、团队,重点培育围绕城市大脑建设的云计算、大数据、区块链、人工智能等创新型产业,完善城市大脑技术架构体系,构建城市大脑产业体系,打造以行业龙头企业、知名研发机构为引领、大中小企业协同发展的具有国际竞争力的城市大脑产业集群。

## 思考题

1. 城市大脑与新型智慧城市的区别是什么?

2. 城市大脑作为城市数字基础设施的条件是什么?

3. 城市大脑的各要素分别具备何种功能?

# 第三章 城市大脑赋能城市治理体系和治理能力现代化

城市大脑是城市数字治理实践的产物,从"一整两通三同直达"的功能框架演变为体制机制、理念、治理目标、治理模式、法治保障相互作用的治理体系。城市大脑治理体系以多元主体复合协同建设的体制机制为基础,以数字化、一体化、现代化的理念为牵引,以"一脑治全城、两端同赋能"的治理目标为导向,摸索出了现代城市治理的中国道路,形成了中国城市治理的新模式。杭州在地方性法规中将城市大脑定义为现代城市基础设施,在法治思维和法治轨道上推进城市大脑建设,由此形成了一系列规范建设、定权定责的制度和标准。城市大脑为城市治理体系和治理能力现代化实践探索出具有成效的数字化路径。本章从城市大脑的功能框架、城市大脑的治理目标、城市大脑的治理理念、城市大脑的治理模式、城市大脑的法治保障体系来分析城市大脑推进城市治理能力现代化的具体路径。

## 一、城市大脑的功能框架、治理目标、理念转变与模式创新

### (一)城市大脑的功能框架

城市大脑治理体系脱胎于其功能框架。城市大脑治理体系的功能框架可以总结为"一整两通三同直达"。

1."一整":数据整合

城市大脑作为城市数据交互融合的基础设施,只有整合全域数据才能实现数据闭环、内外融合和应用创新。这里的"数据整合"区别于传统的政

务数据归集。城市大脑数据的整合以整体城市的数据为范畴,更强调数据的流通。城市大脑的治理以数据资源为工具,数据资源的价值来源于数据的流通。城市处于时时刻刻的变化和活动之中,只有动态的数据才能反映一个城市实时的生命体征,因此城市治理需要实时流通的数据。实时流通的数据来源于人和组织的活动,一方面,要利用存量数据在碰撞和交互中产生新的治理所需数据;另一方面,也要针对性收集有助于解决问题的高质量数据。就存量数据而言,在政府体系内要实现部门系统之间、各级平台之间、平台和系统之间的数据互联互通,在政府和社会之间要实现数据互流。数据的流通依托技术和机制。一方面,各系统要能在技术上实现数据的流通;另一方面,数据主体之间要有协商机制来促成数据的流通。

2. "两通":系统互通、数据互通

城市大脑接入各个政府部门的各类系统和平台,以实现数据安全可信的流通。系统互通需要先确定数据互通协议,通过中枢协议中包含的安全协议、数据协议、网络协议、区块链协议等规则,以及在技术上实现统一的解析路径和适配,从而实现数据的有序传输。数据互通一方面有赖于系统互通,另一方面也需要数据互通主体就数据安全责任、数据质量责任、业务责任等责任配置在合法性前提下进行沟通和协调,一定程度上引起了行政机关的权力迁移、权责重组和机制重塑。行政组织的变革是数字行政必须面对的新课题。系统互通和数据互通既是数据整合的基础,也是实现数据协同、业务协同、政企协同的基础,更是实现直达成效的基础。

3. "三同":数据协同、业务协同、政企协同

城市大脑通过接入各种公共数据,打通政府各类系统和数据,实现跨区域、跨领域、跨部门、跨层级、跨系统的数据协同、业务协同、政企协同。

(1)数据协同。数据协同既是数据处理的协同也是数据决策的协同。数据处理的协同是指不同来源数据的比对和互验后得到数字解决方案。数据决策的协同则是通过不同数据结果的相互印证,得出科学化的决策依据。例如,新冠疫情复工复产阶段,杭州依据市内健康码绿码率和市外人员健康码绿码率做出风险评估,为复工复产决定的可行性提供数据支撑;另外,电力数据和车辆在途量显示城市的生产和生活在逐步恢复,也印证

了复工复产的必要性。同时以这些数据为支撑并相互印证,杭州市政府做出了一系列举措,如开通复工专列接外地务工人员回杭等,帮助城市恢复生产秩序。[1]

(2)业务协同。业务协同是部门协同的应用场景。城市大脑应用场景的基本特征之一就是场景问题的解决需要多部门协同。通过对业务的梳理,以数据协同为手段,实现部门联动。比如"一件事"改革即将关联性强、办事需求大、办事频率高的多个部门办事事项集成为可一次申请办结的"一件事"组合。再如杭州市第一人民医院周边治理项目中,交警、城管和属地协作,数清医院周边泊位,设置引导牌告知车主医院周边实时泊位。当杭州市第一人民医院内部停车场停满时,车主可根据提示快速到达周边停车场。这个项目体现了跨部门的合作和业务协同,每个部门各司其职,城管局负责停车场资源调度,数据局负责数据处理,发改委重新考虑定价的适配体系,建设委思考新的停车生态下需要怎样的规划和审批机制,政府各个部门的协作状态在一个场景中得以显现。

(3)政企协同。城市大脑的治理是现代意义的治理,强调多元治理主体的特征。政府作用与市场作用相结合,在项目规划、方案设计、基础设施建设、业务应用开发、运维服务、政务信息资源利用、资金筹措等方面的作用日益显著,政府获取了更专业化、更高效能的产品和服务,各地政府部门在选择政企合作运作模式和管理手段时,基于自身实际,探索形成了多种实现方式。[2] 政企协同的问题在于政府对社会力量缺乏信任及政企数据共享面临法制瓶颈。在数据开放、数据交换、数据交易的标准和立法逐渐发展下,政企协同也必将走向规范化和普遍化。

4."直达":民生直达、惠企直达、基层治理直达

城市大脑所有的治理目标指向资源优化,将数据资源转化为城市资源。在"以人民为中心"的思想引领下直达企业、直达人民和直达基层。

---

[1]　涂玥,蔡杨洋.杭州复工复产按下"加速键"[EB/OL].(2020-03-28)[2022-04-11].http://zj.people.com.cn/n2/2020/0328/c186806-33910111.html.

[2]　陶勇.协同治理推进数字政府建设——《2018年联合国电子政务调查报告》解读之六[J].行政管理改革,2019(6):70-74.

"亲清在线"平台是城市大脑最具典型性的平台之一,兼具诚信和协同的特征,将资源集约化和直达的理念贯彻到底。以"亲清在线"平台的"惠企政策"板块为例,在传统的行政给付流程中,必然会存在一部分受惠群体没有享受到相应政策的福利,原因有三:一是政策受惠群体不知道政策存在;二是因兑现程序复杂,受惠主体放弃兑现;三是证明材料因部门的问题无法收集齐全。"亲清在线"平台通过部门数据协同,根据给付政策的条件形成白名单,提供给企业。企业只要点击确认,补助就能够即时兑现。"民生直达"平台复制了"亲清在线"平台的理念和模式,将政府服务对象从企业延伸到个人。基层是城市治理的末梢,村社是治理的最小单位,乡镇政府是距离人民最近的政府。城市公共数据必然由基层公共管理组织采集、录入,但现实是工作人员采集、录入数据后,基层却没有使用数据的权限和能力。因为数据是网格员按区域网格化的形式采集的,散落在网格员手中,没有实现基层数据的汇集。网格员录入的数据在条线系统中整合后仅归集给了上一级条线部门,基层没有调用的权限。城市大脑的理念是将数据赋能给基层,驾驶舱的数据可视范围不以行政层级的逐级递减而缩小,而是应当基于数据应用的需求,让基层获得更多可用的数据。城市大脑的治理手段创新很多就是来源于基层对城市大脑的运用。例如,杭州市原下城区潮鸣街道就基于街道驾驶舱的数据,开发了"最多报一次"场景,也在街道突发的安全事故中,通过驾驶舱调度,做到了成功的应急处置。

### (二)治理目标:"一脑治全城、两端同赋能"

杭州市委十二届八次全会提出"杭州将创新治理机制,提升治理能力,全面实施'善治六策',推进统筹之治、科技之治、良法之治、协商之治、人文之治、开放之治,奋力开创具有杭州特点的大城市治理现代化新路"。城市大脑的治理目标即运用城市大脑系统实施"善治六策",推动城市治理者的"驾驶端"和广大人民群众的"乘客端"同向发力、交互赋能,着力打造更多干部非用不可的数字驾驶舱、群众爱不释手的应用场景,让各级"机长"更精准有效地驾驶,使广大"乘客"有更便捷舒适的体验,共同开启城市幸福生活之旅。

一脑治全城。"一脑治全城"强调城市大脑的基础性、系统性和整体性。基础性是指城市大脑以统一的标准、协同规则构建技术底座,可有效避免重复建设和资源浪费。系统性是指城市大脑以"大脑—平台枢纽—基层节点"为基本层级,避免多个大脑。整体性是指城市大脑各个枢纽和节点发挥不同的数据协同功能,实现整体的数据互通和数据整合。

两端同赋能。"两端"是指城市治理者"驾驶端"和人民群众"乘客端"。"驾驶端"以数据赋能,强化城市治理者对城市生命体征的感知,通过城市大脑汇集实时数据,给城市治理者(公共管理部门)提供决策、监管的依据。"乘客端"以问题需求导向,注重人民群众的获得感,保障人民在公众参与中实现其决定权,享受到直达的服务、扁平化的信息传达。人民群众的获得感和满意度是检验城市大脑建设成效的最终指标。

### (三)城市大脑的理念转变与模式创新:循数、协同、诚信、集约

城市大脑将治理与技术融合,实现了四个方面治理模式的创新。

1. 循数理念及其治理模式

以数据和数据分析为依据。城市大脑的建设起点就是"数数"。以交通治堵场景为例,首先,数清了城市在途的车辆数量,用"在途量"来评估城市交通承载能力。以往城市根据城市交通承载能力来限制车辆保有量,即登记在册的车辆数。通常当城市交通压力过大时最先想到的一个措施是限制保有量,另一个是扩大道路面积。杭州通过在线数据掌握了城市实时的"在途量",由此灵活地判断不同时段、不同路段的交通承载能力,并据此逐步放宽限行政策,推出"非浙 A 急通车"场景,依据"在途量"提升道路资源的利用率,为非浙 A 车辆提供通行便利。

其次,数清了停车位。医院和商圈周边停车难、秩序乱是城市治理的难点和痛点。杭州以浙江大学医学院附属第一医院、浙江大学医学院附属第二医院、杭州市第一人民医院、浙江大学医学院附属儿童医院等医院为试点,数清了这些医院周边 500 米以内的停车场所包含的停车位,并将数据接入城市大脑,设立停车位指示牌。线下,规划行车路线,设置引导牌;线上,通过医院挂号平台,推送周边停车场信息。通过数清车位和联通数

据,平衡泊位使用率,既提高了闲置资源的利用率又缓解了原聚集场所的停车压力。

2. 协同理念及其治理模式

政府部门的横向协同。我国长期按照职能划分,实行条块分割管理,导致各行政层级之间、垂直部门与地方政府之间、各地方政府之间、政府各部门之间、行政业务之间处于离散与分割状态。[①] 面对重要棘手的临时性任务或突发事件,工作难以分解到单一机构,为了提高行政效率,出现了以更高级别的领导"挂帅协调"、联合攻关的非常设机构,1993 年国务院正式文件中明确其为"议事协调机构"。但议事协调机构更多强调组织形式上的聚合,不可避免地产生了更多的会议和文件,违背初衷。城市大脑的协同是机制协同,目前已有的协同模式包括数据协同、业务协同和政企协同,其中,业务协同是破解部门壁垒难题的关键。城市大脑以场景为驱动,以专班制聚合各关联部门形成了部门协同的机制,各部门在场景建设过程中各司其职、沟通协作促成了业务的协同。城市大脑的协同治理模式契合了整体治理的要求,在单场景中能有效解决九龙治水的问题。

3. 诚信理念及其治理模式

以诚信为基础的治理模式。城市大脑的场景均体现为诚信治理的模式。无论是"先离场后付费"场景还是"先看病后付费"场景,都是以诚信为前提。诚信治理为法律和科技共治提供了一个范例。在传统社会,诚信治理依靠的是法律和道德手段;在智能社会,科技使多维度的诚信评估成为可能。大数据存储、处理和应用能力的快速发展,云计算和区块链技术的不断成熟,都为维护社会诚信、建设信用社会奠定了坚实的技术基础。只要一个人的行为是通过电子途径完成的,就会留痕,被完整记录并保存下来。每个人关乎他人和社会利益的活动信息,尤其是缺失诚信、违约侵权的不良行为和活动等都会被记录在案,无法涂改、删除,这就倒逼人们在智能技术的监督下诚实守信、谨言慎行。特别是区块链技术广泛应用后,各

---

① 王敬波.面向整体政府的改革与行政主体理论的重塑[J].中国社会科学,2020(7):103-122,206-207.

种信息永久保存,就更迫使人们自觉规范行为、树立诚信形象、建立个人良好信用记录。城市大脑的治理模式表现为诚信治理的模式,而这一模式的形成既得益于技术的保障,也来源于治理体系的整体设计和治理理念的贯穿。

### 4. 资源集约理念及其治理模式

城市大脑的初心是为民而建,为民而变。通过数据资源的应用减少城市资源的损耗,用更少的空间资源和时间资源支撑现有规模的城市治理。城市大脑资源集约型治理成效体现在五个"还"上,分别为还利于民、还路于民、还景于民、还时于民、还简于民。

(1)还利于民。以行政给付、行政许可流程再造为突破点,用数据的交叉核验取代了部分行政审查行为,提升行政效率,最大化授益行政的福利范围,达到精准服务的效能。例如,"亲清在线"平台和"民生直达"平台的应用实现了行政服务的直达、秒达,让授益行政的相对人及时、便捷地享受到福利政策。

(2)还路于民。在交通治堵和街区治理时,面对堵车、停车难等问题,行政主管部门首先想到的是申请用地、扩宽道路或新增停车场。但通过数据治理,可整体协调停车场资源,提高车位使用率,使道路回归通行的功能。城市大脑通过数据治理,改变了占用其他社会资源来解决城市问题的旧思维,让资源更优配置。

(3)还景于民。通过景区入园模式、酒店入住办理等场景的数字化,解决服务"最后一公里"的问题,减少了公共基础设施对景区用地的占用,减少了游客在排队、入住等环节中的等待时间,让游客有更多的空间和时间享受旅游中的美好景观和文化。

(4)还时于民。日常生活中从看病到办事,百姓要在排队、操作等环节花费大量的时间。通过数据治理,简化流程,剔除非必要流程,让数据"多跑路",还时间于百姓,使其有更多的时间享受生活,以数智赋予人民幸福感。

(5)还简于民。将可以用数据解决的问题交给数据,百姓不再需要反复、循环地证明政府本应该掌握的事实。用技术实现更简单的行为方式,同样也要为"数字难民"保留传统行为的实现渠道。

# 二、城市大脑的法治保障

## （一）法律法规体系

### 1. 既有法律法规体系

（1）国家层面的法律法规。现有国家层面与数字治理相关的三部基本立法，分别是《中华人民共和国网络安全法》《中华人民共和国数据安全法》《中华人民共和国个人信息保护法》。国家层面的规章和规范性文件也体现出了部门规范数据运用的尝试，如《国家健康医疗大数据标准、安全和服务管理办法（试行）》《电信和互联网行业提升网络数据安全保护能力专项行动方案》《关于做好2018年水产品质量安全可追溯试点和养殖经营主体动态数据库建设试点工作的通知》《关于进一步加强劳动保障数据安全管理的通知》《关于做好个人信息保护利用大数据支撑联防联控工作的通知》《金融数据安全分级指南》等，从行业角度不断推动数据流通和应用，同时平衡国家安全、社会安全、个人隐私权的保护。

（2）地方层面的法律法规。浙江省和杭州市已有的相关制度规范包括但不限于：《浙江省公共数据条例》《政务数据共享安全管理规范（DB3301）》《关于贯彻打破信息孤岛实现数据共享第二次专题会议精神的通知》《浙江省公共数据和电子政务管理办法》《浙江省公共数据分类分级指南（试行）》《关于印发〈浙江省公共数据开放与安全管理暂行办法实施方案〉的通知》《浙江省公共数据开放工作细则》《关于印发〈杭州市电子政务云平台管理办法（暂行）〉的通知》《关于印发〈杭州市政务数据资源共享管理暂行办法〉的通知》等，以公共数据开放为核心促进数据流通。

各地的数据综合性立法逐渐增多。深圳以特区先行先试优势，为数据专门立法，以《深圳经济特区数据条例》为数据市场、数据主体、数据行为确立规则。《上海数据条例》已经通过表决，为上海全面推进城市数字化转型提供基础性制度保障。

2. 地方法《杭州城市大脑赋能城市治理促进条例》的创新和意义

杭州作为数字政府转型和城市大脑建设的先行者,在数字治理方面形成了别具一格的模式,积累了行之有效的经验,需要通过立法总结、固化城市大脑实践中的经验做法,将城市治理现代化的杭州方案形成可复制可推广的制度化、法制化成果。《杭州城市大脑赋能城市治理促进条例》是以促进为关键词的创新立法,因此将很多概念转化成立法语言,要平衡数据资源利用和数据安全保障之间的关系,难度较大。《杭州城市大脑赋能城市治理促进条例》对城市大脑要素界定、数据资源运用立法的基本原则、特殊群体权益的保障、数据管理以及促进性条款进行了立法创新。

一是首创城市大脑基本要素的法律概念定义。城市大脑的本质是要以数据、算力、算法等为基础赋能城市治理。按照市委有关会议精神,从现代城市基础设施的高度界定城市大脑,将城市大脑定义为:由中枢系统、系统与平台、应用场景和数字驾驶舱等要素组成,以数据、算力、算法等为基础和支撑,运用大数据、云计算、区块链等新技术,推动全面、全程、全域实现城市治理体系和治理能力现代化的数字系统和现代城市基础设施。同时,还明确了城市大脑各要素的定义和相应建设要求。

二是确立数据资源运用立法的基本原则。《杭州城市大脑赋能城市治理促进条例》确立了"统筹规划、集约建设、便民惠企、创新推动、协同共治、安全可控"的基本原则,以体现城市大脑赋能城市治理工作的基本要求与杭州特色。

三是明确城市大脑协同治理中政府及部门职责。《杭州城市大脑赋能城市治理促进条例》对政府职责和部门职责进行了规定,明确市人民政府是强化城市大脑赋能城市治理工作的领导和协调主体,将城市大脑作为现代城市的基础设施,纳入国民经济和社会发展规划,研究制定相关政策。区、县(市)人民政府负责推进、协调本行政区域内城市大脑赋能城市治理工作。同时,明确市数据资源主管部门统筹负责本市行政区域内城市大脑赋能城市治理工作,并结合杭州市委十二届九次全会决定等有关要求,对数据资源主管部门的具体职责做出规定。此外,还规定市人民政府应当建立健全联动协调机制,明确职责,协调解决重大问题,防止重复建设,整体推进城市大脑赋能城市治理工作。

四是关于特殊群体权益保障。针对部分低收入人群、残疾人、老年人等在数字设备拥有率和使用能力等方面处于弱势地位、存在"被数字化"困境的群体,《杭州城市大脑赋能城市治理促进条例》也做了特别规定,即公共管理和服务机构在推进城市大脑赋能城市治理工作中,应当关注低收入人群、残疾人、老年人等群体利益,确保决策和公共服务资源配置透明、公平、合理,并完善线下服务和救济渠道,保障人民选择服务方式包括传统服务方式的权利,以体现公共服务的均等化、公平性和包容性,彰显《杭州城市大脑赋能城市治理促进条例》的温度。

五是补充和细化数据管理规则。数据是城市大脑的基础要素,数据的采集、质量、安全等对城市大脑的建设与运行极为重要。一方面,考虑到《中华人民共和国民法典》《中华人民共和国网络安全法》《浙江省公共数据和电子政务管理办法》《浙江省公共数据开放与安全管理暂行办法实施方案》,正在制定中的数据安全法以及将要制定的个人信息保护法已对或者将对数据采集、归集、共享、开放、利用、安全管理等做出详细规定,为避免重复和相抵触,做好与上位法和相关政策法规的衔接,《杭州城市大脑赋能城市治理促进条例》对数据采集、归集、共享、开放、利用等进行了原则性规定。另一方面,考虑到城市大脑建设与运行中存在的实际问题,《杭州城市大脑赋能城市治理促进条例》又针对性地对城市大脑建设标准化、数据质量及权属、安全管理、纠纷解决等做出了规定。

六是突出促进型立法的功能和特色。《杭州城市大脑赋能城市治理促进条例》作为一部创制性立法,以"促进"为主题词,在具体法规条文设置上以鼓励促进、鼓励创新为导向,为实践探索留有更多的空间。为更好地促进与规范城市大脑赋能城市治理工作,体现立法目的,《杭州城市大脑赋能城市治理促进条例》规定了鼓励第三方参与、加大财政支持力度、支持教育培训、加强宣传推广、实施信用激励惩戒等方面的措施。

### (二)规范与标准

城市大脑的建设和运行还需要辅之以内部管理规范及外部协同规范。

除此之外还需要建立指南式的业务标准、技术标准、安全标准。目前已发布的公共数据相关地方标准包含《法人库数据规范》《人口综合库数据规范》《公共数据交换技术规范》等。在城市大脑的场景中，数据互通、系统互通仍然是难题。数据和系统的标准不一，就会造成互通困境。以档案领域为例，以部门为单位建立的电子档案很难实现互通，各行各业的电子文件归档与保存时所依据的标准有所差异且各标准提出或归口机构不一，内容难以衔接，甚至存在冲突。例如，档案管理所依据的相关标准就存在不少技术标准上的差异，《电子文件归档与电子档案管理规范》（GB/T 18894—2016）推荐版式文件采用 PDF、PDF/A 格式，而《电子文件存储与交换格式版式文档》（GB/T 33190—2016）及《政务服务事项电子文件归档规范》（GB/T 42727—2023）推荐采用 ODF 格式。同样的问题出现在音频文件，《录音录像档案管理规范》（DA/T 78—2019）中规定音频文件归档格式为 WAV、MP3、AAC 等，《电子文件归档与电子档案管理规范》（GB/T 18894—2016）音频格式为 WAV、MP3 等，《录音录像档案数字化规范》（DA/T 62—2017）音频格式为 WAV，采用不同标准存储的文件在共享时就会面临系统不兼容的问题。因此在数字化系统建设过程中，需要有统一的顶层设计，甚至需要数据质量管理的专员和机构，使得系统和数据标准以能够互通为前提进行预先设定，避免各个部门在数字化创新的同时产生新的数据壁垒。浙江数字化改革和杭州城市大脑的实践经验总结出"一地创新、各地受用"的原则，加大已有应用的贯通性，以最优的场景标准作为普适化标准。除了需要确定数据标准以提高数据质量外，数据流通相关的程序规则也有待进一步规范化。

## 三、城市大脑的实践意义

随着城镇化进程的不断加速，人口不断向城镇迁移。联合国经济和社会事务部发布的《2018 年世界城镇化展望》显示，到 2050 年，全球城市人口总量将增加 25 亿人，其中中国将新增 2.55 亿人。

面对不断膨胀的人口，许多城市开始征用更多土地、修更多路、建更多停车场、造更多车辆、用更多水、消耗更多能源,采取不断增加资源消耗的发展模式,由此引发了交通拥堵、环境污染、资源短缺等一系列城市病。尤其是城市的交通拥堵问题,成为许多城市的通病,使得城市的空间、市民的时间、能源等资源都产生了极大的浪费,这对城市资源运营和城市治理提出了巨大挑战。而城市资源浪费问题又引发了城市服务能力不足的问题,市民及企业满意度低、体验感差,城市服务的公平性、均等性也受到广泛质疑。

数据正在成为城市发展非常重要的新资源,城市大脑利用数据要素高效配置水、电和道路等城市公共资源,是城市可持续发展的新路径、新机制。城市大脑为城市的可持续发展构建了一个创新的治理体系、技术体系和市场体系,让城市成为协同创新的载体,推动全面、全程、全域实现城市治理体系和治理能力现代化。

因此,建设城市大脑,有利于实现城市治理能力、城市服务能力和城市产业发展的突破。

### (一)促进城市治理能力提升

城市大脑中枢系统赋能城市现代化治理,城市大脑通过全社会的数据资源整合共享,跨部门的流程再造,推动政治、经济、文化、社会、生态等领域数字化建设迈向协同化应用,实现城市运行态势监测、公共资源配置、宏观决策指挥的智能化治理。城市大脑作为新型智慧城市建设的核心组成部分,驱动城市数字化建设模式从分散走向集中,推动数据要素价值放大,提升城市管理的科学化、精细化和智能化。

建设城市大脑,有利于提升政府管理能力,促进城市数据要素自主有序流动,提高城市数据要素配置效率,通过数据要素治理驱动城市治理,解决城市治理突出问题,改善城市治理模式,实现城市治理智能化、集约化、人性化。

### (二)促进城市公共服务优化

城市大脑可广泛应用于城市管理、便民服务、生态环境和社区治理等领域,整合现有业务系统,实现信息共享和跨部门协同,提升系统集成性和整体效能,实现城市网格化管理,助力城市精细化管理和精准服务。

建设城市大脑,有利于城市更精准地随时随地服务个人和企业,让出行更畅通、办事更便捷、教育更公平、医疗更普惠,使得城市的公共服务更加高效,公共资源更加节约,促进公共服务能力均等化,真正实现"一证通办""一网通办""一网通管""一事通办"等公共服务,提升群众和企业的幸福感、获得感、安全感。

### (三)促进城市产业转型升级

以城市大脑建设与应用为核心的新型智慧城市建设将极大地促进各领域信息化的最终实现,促进数据成为城市的重要基础资源和生产要素,从而不仅使城市治理大步转向数据驱动,而且使经济发展也逐步转向数据驱动,这将推动产业结构调整与升级,推动数字经济加速发展,提高城市经济的质量和效益。

建设城市大脑,有利于促进城市产业发展。开放的城市数据资源是重要的基础资源,城市大脑通过开放城市数据资源,对产业发展起到催生带动作用,有利于促进传统产业转型升级,推动经济发展质量变革、效率变革、动力变革。

一方面,城市大脑已成为城市新型数字基础设施,市场发展空间巨大,从市级向区、街道、社区延伸扩散。例如,杭州建设城市大脑有力拉动了数字经济发展,实现了城市数字化为产业数字化和数字产业化赋能;另一方面,城市大脑的建设将以"平台+生态"模式为主。主要承建商必须技术门槛高、资源整合能力强,这将催生一批本土龙头企业和生态链合作企业,促进数字经济蓬勃发展。例如,云栖小镇汇聚了一大批城市大脑生态企业,形成了城市大脑产业协同创新基地。杭州正通过这一开放平台,凝聚人才,打造以行业龙头企业、知名研发机构为引领,大中小企业协同发展的具有国际竞争力的城市大脑产业集群。

城市大脑提出,"让城市会思考,让生活更美好"。城市大脑的建设不仅仅是技术创新,更是社会理念的创新和社会治理模式的创新,揭示了城市未来的发展方向,预示着城市文明新阶段的到来。城市的精细化管理将提高公共资源的使用效率,未来有了健全的"城市大脑",一个城市可能只需今天 1/10 的土地、1/10 的水资源,甚至 1/10 的电力,就可以支撑美好的生活。

## 思考题

1. 什么是城市大脑治理理念的核心要义?

2. 城市大脑如何配置优化城市资源?

3. 城市大脑如何赋能城市治理?

# 第四章  城市大脑的技术体系

作为城市新的数字基础设施，城市大脑以数据资源为关键要素，以云计算、大数据、区块链和人工智能等新技术为基础，形成了一个完整的技术体系，为城市可持续发展提供了技术创新保证。城市大脑的实时感知设施和安全可信的通信网络通过各种信息技术手段，及时获取和汇集源自城市各种感知设施的海量多源数据资源，并对这些数据采用分级分布式处理模式进行处理。城市大脑依托云计算平台、边缘计算平台和高性能计算平台，为城市大脑的各种信息提供即时处理的强大计算能力。同时，城市大脑提供 AI 算法与模型能力，为各种应用场景提供全生命周期支持，支持各类开发人员全角色协同工作。区块链技术则可以为城市大脑构建安全防护体系，确保数据安全和个人信息保护，切实保障城市大脑平稳高效安全运行。

## 一、城市大脑关键前沿技术

### （一）大数据

大数据是指由于数据量过于庞大、复杂，无法在可容忍的时间内用传统信息技术和软硬件工具对其进行感知、获取、管理、处理和服务的数据集合。数据来源广泛，除遥感数据、网站点击流数据等，物联网、移动互联网的应用也为信息世界新增了无数个实时产生数据的来源，主要包含射频识别技术（RFID）标签和读写器、摄像头、全球卫星导航系统、传感器、终端、传感器网络等。利用这些数据可以实现智能化的识别、定位、跟踪、监控、管理和多层次多角度的统计分析等。

城市大脑的中枢系统协调着来自各种不同数据源的大量数据,这些数据具有数据源多、数据量大、数据格式多等特点,并且一些应用对数据实时性要求较高,具有鲜明的大数据属性。然而,面对大数据的数据孤岛困境,城市大脑通过中枢系统的协同作用,打通城市中各类数据,实现各类数据的采集、共享和利用,有效发挥大数据在惠企惠民等方面的作用。城市大脑致力于交通、能源、供水等基础设施全部数据化,连接城市中散落在不同单元的数据资源,从而打通城市的"神经网络"。这样一来,原本分散在不同部门、不同机构的大数据得以融合,从而发挥出最大的效力。城市交通管理数据、公共服务数据、运营商数据、互联网数据等构成了城市大脑的初期"大脑"容量,而这些数据仍在不断扩充,以打造真正意义上的"城市大数据"。

1. 大数据关键技术

大数据技术旨在分析、处理和提取来自极其复杂的大型数据集的信息,其关键技术一般包括大数据采集、大数据预处理、大数据存储、大数据分析与可视化等技术。

大数据采集技术主要有全球卫星导航系统空间定位技术、物联网技术、卫星遥感技术等。全球卫星导航系统空间定位技术主要应用于导航、勘测测绘、地图绘制等领域,智能手机以及无人驾驶技术等也主要依靠全球卫星导航系统空间定位技术来提供定位功能。物联网技术通过各种信息传感设备(如传感器、红外线感应器等),实时采集需要观测、监控的物体或过程的声、光、电、位置等信息,并将其采集的数据通过网络发送和交换。物联网数据采集通常包括各类传感器、移动终端、工业系统、楼控系统、智能家居设备、视频监控系统等各类自主发送信息的终端设备和设施,以及贴上 RFID(射频识别技术)的各种资产。卫星遥感技术是指将传感器搭载在卫星上实施遥感数据采集的技术,主要由航天卫星技术和光学(电磁波)传感器技术组成。由于卫星开始工作后无法与卫星地面站进行实体接触或有线连接,因此卫星遥感技术还包含无线通信技术。

大数据预处理是对采集到的大量杂乱无章、难以理解的原始数据进行清洗、填补、平滑、合并、规格化以及检查一致性等操作,将其转化为相对单一旦便于处理的结构,抽取并推导出对于某些特定应用有价值、有意义的数据,为后续的数据挖掘分析奠定基础。由于数据处理没有标准化的流程,因此通常根据不同任务和数据集属性采用不同的数据预处理方法。典型的数据预处理方法包括数据清理、数据集成、数据规约、数据变换四种。

大数据存储是进行后续分析、挖掘、利用的基础,一个完整的数据存储系统主要由存储设备、控制部件及管理数据调度的软硬件组成。存储架构是指存储设备的组织形式和存储系统与主机的连接方式。根据封装层级和数据操作对象的不同,数据存储架构可大致分为面向数据块的存储、面向文件的存储和面向对象的存储三类。直接连接存储是指主机通过主机接口卡、端口和电缆与存储系统建立直接连接,当存储系统安装在主机内部时称为内部直接连接,当存储系统安装在主机外部时称为外部直接连接。独立硬盘冗余阵列(redundant array of independent disks,RAID),简称磁盘阵列,是一种通过冗余配置存储设备来提升存储性能和存储可靠性的技术。它可以把多个相对便宜的硬盘组成一个硬盘阵列组,其整体性能和/或可靠性达到甚至超过一个价格昂贵、容量巨大的单体硬盘。在大数据时代,以视频、语音为代表的非结构化数据的比重越来越高,传统的基于文件的存储解决方案难以应对迅速增长的非结构化数据。基于对象的存储是一种根据文件数据的内容和属性(而不是名称和位置)以对象的形式存储数据的方法。在基于对象的存储中,采用单一地址空间为每个对象分配唯一的对象 ID,对象中包含用户数据、元数据和其他属性。这种方法不同于传统的分层文件系统。

大数据分析是发挥数据价值的重要途径。数据挖掘是数据分析的核心,旨在寻找数据的模式和规律,常见的方法有分类、预测、关联规则及聚类等。数据可视化分析就是将经过分析的现有数据转换为视觉元素,以帮助人们理解数据。不同的数据特性需要采用不同的可视化方法,比如时间信息和空间信息的可视化需要用不同的方式处理。我们获得的数据可以是离散的也可以是连续的,但是需要注意的是,即使数据是连续的,我们采集到的数据仍然是离散且有限的。常见的数据可视化图表包括折线图、柱形图、散点图、饼图、面积图等。

2. 大数据技术的发展趋势

存储和计算是大数据技术中不可或缺的两个环节,它们相互依存、相互支撑,构成了大数据平台的技术基础架构。

在非结构化数据的存储方面,大数据存储架构技术经历了从关系型数据库到非关系型数据库和关系型数据库管理系统的转变。同时,数据管理方面也从关系型数据库技术和数据仓库技术转向了数据湖技术。传统的关系型数据库技术要求数据严格按照预定义的模式来存储,但非结构化数据源的出现使得这种"模式在先"的数据管理方式不再适用。相比之下,数据湖技术以原生态的方式存储半结构化或非结构化的数据,更具灵活性。这一技术的出现意味着数据管理的理念由完美主义向现实主义转变。

在大数据技术的计算层面,为了突破单机、集中的存储和计算的性能瓶颈,形成了以谷歌的 GFS、MapReduce、BigTable 为代表的一系列分布式存储和计算架构,相应的开源项目有 Apache Hadoop 项目及 Spark 项目等。为了应对实时流处理计算需求,也形成了分布式流处理计算框架,如 Apache Storm、Flink 和 Spark Streaming 等。为了处理图结构数据对象,如社交网络、用户行为、网页链接关系等,相应的图数据库、图计算引擎及知识图谱为主要技术的图存储和分析、计算框架应运而生。近年来,为应对存储和计算架构强耦合带来的计算资源利用效率低的问题,大数据技术朝着存储和计算分离的方向发展,出现了以无服务器(Serverless)、云原生等概念为代表的按需索取、处理分析能力服务化的技术架构,使得计算能力可以更加灵活地按需使用,大幅提高了计算资源的利用率。

## (二)云计算

### 1. 起源

云计算是技术和计算模式持续发展和演变的产物,其基础思想可以追溯到半个世纪以前。1955 年,美国麻省理工学院的约翰·麦卡锡(John McCarthy)教授提出了 time-sharing(分时)的概念,希望能够满足多人同时使用一台计算机的需求。1961 年,他又提出了 utility computing(效用计算)的概念,认为可以将计算资源作为像电力一样的基础设施按需付费使用。随后,1966 年,道格拉斯·帕克希尔(Douglas Parkhill)在《计算机工具的挑战》(*The Challenge of the Computer Utility*)一书中详尽地论述了现今云计算的几乎所有特点,如作为公共设施供应、弹性供应、实时供应以及具备"无限"供应能力等,以及云计算的服务模式,如公共模式、私有模式、政府和社团模式。

在过去几十年中,计算模式的发展经历了早期的单主机计算模式、个人计算机普及后的 C/S(客户机/服务器)模式、网络时代的 B/S(浏览器/服务器)模式。随着大量的软件以服务的形式通过互联网提供给用户,传统的 IDC(Internet Data Center,互联网数据中心)逐渐不能满足新环境下业务的需求,云计算应运而生。

1984 年,SUN 公司联合创始人约翰·盖奇(John Gage)提出"网络就是计算机"的猜想,用于描述分布式计算技术带来的新世界,但未引起大众对云计算的关注。直到 20 世纪 90 年代,云计算相关理念以 grid computing(网格计算)这一名称重新走进人们视野。1996 年,康柏公司的一份内部文件首次提到了 cloud computing(云计算)概念。1997 年,美国教授拉姆纳斯·切拉帕(Ramnath Chellappa)给出了 cloud computing 的首个学术定义:"计算边界由经济而并非完全由技术决定的计算模式。" 2006 年,亚马逊推出 S3(Simple Storage Service,简单存储服务)和 EC2 (Elastic Cloud Computer,弹性云计算)两款产品。同年,谷歌推出了 "Google 101 计划",当时的谷歌 CEO 埃里克·施密特在搜索引擎大会提出"云计算"的概念。随着 2007 年 IBM-Google 并行计算项目的提出,"云计算"概念得以快速普及。

随后,云计算行业进入了飞速发展时期,大量 IT 企业积极投入到这个领域,带来了一大批优秀的云计算产品和解决方案,如 IBM 的蓝云计划、亚马逊的 AWS、微软的 Azure 等。与此同时,也有许多开源项目(如 OpenStack、CloudStack 等)加入云计算的"大家庭",为云计算行业开启了一个百花齐放的新时代。

2. 概念

云计算是一种新兴的商业计算模式,由分布式计算、并行处理、网格计算发展而来。狭义的云计算是指厂商通过分布式计算和虚拟化技术搭建数据中心或超级计算机,以免费或按需租用方式向技术开发者或企业客户提供数据存储、分析以及科学计算等服务。广义的云计算则指厂商通过建立网络服务器集群,向各种不同类型客户提供在线软件、硬件租借、数据存储、计算分析等不同类型的服务。简单来说,云计算就是一种存在于互联网上的服务器集群,包括硬件(如服务器、存储器、中央处理器等)和软件资源(如应用软件、集成开发环境等)的计算方式,只需要通过互联网发送需求信息,远端就会有成千上万的计算机为你提供所需的资源并将结果返回到本地计算机。

城市大脑需要超大规模的算力支撑,云计算是实现城市级数据处理的先决条件。城市大脑基于云计算与大数据处理平台,结合机器视觉、大规模拓扑网络计算、认知反演、交通流分析等跨学科领域的顶尖技术,在互联网级开放平台上实现了城市海量多源数据的收集、实时处理与智能计算。

(1)关键技术。云计算的关键技术包括虚拟化技术、分布式存储技术、分布式计算以及多租户技术等。

虚拟化技术是指计算元件在虚拟的基础上而不是真实的基础上运行,它可以扩大硬件的容量,简化软件的重新配置过程,减少软件虚拟机相关开销和支持更广泛的操作系统。虚拟化技术可以实现软件应用与底层硬件相隔离,包括将单个资源划分成多个虚拟资源的裂分模式,以及将多个资源整合成一个虚拟资源的聚合模式。虚拟化技术根据对象可分为存储虚拟化、计算虚拟化、网络虚拟化等。计算虚拟化又分为系统级虚拟化、应用级虚拟化和桌面虚拟化。在云计算实现中,计算虚拟化是一切建立在"云"上的服务与应用的基础。虚拟化技术目前主要应用在中央处理器、操作系统、服务器等多个方面,是提高服务效率的最佳解决方案之一。

分布式存储技术通过将数据存储在不同的物理设备中,实现动态负载均衡、故障节点自动接管,具有高可靠性、高可用性、高可扩展的特点。在多节点的并发执行环境中,各个节点的状态需要同步,而在单个节点出现故障时,系统需要有效的机制保证其他节点不受影响。这种模式不仅摆脱了硬件设备的限制,同时扩展性更好,能够快速响应用户需求的变化。分布式存储技术利用多台存储服务器分担存储负荷,同时利用位置服务器定位存储信息,可以提高系统的可靠性、可用性和存取效率,还易于扩展。

分布式计算利用高速互联网把分散的计算资源组合成共享资源集合,以形成高性能计算、管理、服务的资源能力,为用户提供服务。其工作模式是中心服务器将一个大型计算任务分割成若干个或更多个任务单元,利用网络分派给多台计算机分别去完成,任务完成后再返回到中心服务器。分布式计算具有更强的容错能力、更灵活的维护、更高的性价比优势。

多租户技术的主要目的在于使大量用户能够共享同一堆栈的软硬件资源,每个用户按需使用资源,能够对软件服务进行客户化配置,而不影响其他用户使用。每个租户代表一个企业,租户内部有多个用户。目前,实现多租户技术的关键技术包括数据隔离、客户化配置、架构扩展和性能定制。

(2)服务部署模式。按照服务划分,云计算可以分为 IaaS、PaaS 和 SaaS 三个层次。IaaS(infrastructure as a service,基础架构即服务)是基础层。在这一层,通过虚拟化、动态化将 IT 基础资源(计算、网络、存储)聚合成资源池。资源池即计算能力的集合,终端用户(企业)可以通过网络获得自己所需要的计算资源,运行自己的业务系统。这种方式使用户不必自己建设这些基础设施,而是通过付费即可使用这些资源。

在 IaaS 层之上的是 PaaS(platform as a service,平台即服务)层。这一层除了提供基础计算能力,还具备了业务的开发运行环境,提供包括应用代码、软件开发工具包、操作系统以及应用程序编程接口在内的 IT 组件,供个人开发者和企业将相应功能模块嵌入软件或硬件,提高开发效率。对于企业或终端用户而言,这一层的服务可以为业务创新提供快速、低成本的环境。

最上层是 SaaS(soft as a service,软件即服务)层。实际上,SaaS 层在云计算概念出现之前就已经存在,它随着云计算技术的发展得到了更好的发展。SaaS 层提供"拿来即用"的软件服务,用户无需安装、升级与维护,具有按需使用等无可比拟的优势。

根据部署模式的不同,云计算主要分为公有云、私有云和混合云。公有云一般由云计算厂商构建,面向公众和企业提供公共服务,并由云计算厂商运营;私有云由企业自身构建,为企业内部提供云服务;当企业既有私有云,又采用公有云计算服务时,这两种云之间形成一种内外数据相互流动的形态,即混合云模式。

(3)公有云和私有云。公有云是一种面向公众、开放式的云计算服务,向所有用户提供基础设施和计算资源。公有云的所有者和运营商是独立于客户所在的组织或机构的云服务提供商。这意味着公有云服务商可以为任何客户提供服务,包括其潜在的竞争对手。

相比之下,私有云是由某个独立的组织或机构运营的云基础设施,该基础设施可以是客户自己运营(即场内私有云,或自有私有云),也可以由其他组织或机构运营(即场外私有云,或外包私有云)。私有云可以帮助客户更好地控制其基础设施,因为客户可以自己管理和维护其私有云环境,而不需要共享资源。

(4)微服务。微服务架构主张将互联网应用拆分为一系列细粒度、职责单一的服务,每个服务运行在各自独立的进程中,并通过轻量机制(如HTTP/JSON)进行通信。这些服务建立在业务领域之上,可以通过全自动方式独立部署。微服务基本上没有中央式的管理,可以使用不同的编程语言编写,也可以使用不同的数据存储技术。微服务的目标是通过有效的服务治理来简化部署、促进敏捷开发和部署,同时提高应用程序的可维护性和可扩展性。

3. 发展现状

云计算的发展已成为不可阻挡的趋势。根据高德纳咨询公司的统计,2021年全球公有云市场规模达到3307亿美元,增速达32.5%。近年来,我国对云计算的发展一直给予高度重视和大力支持,先后发布了《中华人民共和国国民经济和社会发展第十四个五年规划和2035年远景目标纲要》《新型数据中心发展三年行动计划(2021—2023年)》《"十四五"数字经济发展规划》等一系列云计算相关政策文件。另外,中国在云计算领域也取得了长足的进步,中国信息通信研究院数据显示,2021年我国云计算总体处于快速发展阶段,市场规模达3229亿元,较2020年增长54.4%。其中,公有云市场规模增长 70.8%,达 2181 亿元,有望成为未来几年中国云计算市场增长的主要动力,当中也涌现出了阿里云、华为云、腾讯云、百度云等一批优秀的公有云解决方案;私有云市场同比增长 28.7%,达 1048 亿元。

云计算发展至今,其市场也逐渐出现了马太效应。当前的云计算市场有以下几个比较明显的态势。

一是聚类分化。由于云计算是一个规模性业务场景,只有达到一定规模后,边际成本才会出现,所以近年来,云计算出现了有趣的变化。一方面,一些企业不断做大做强,同时把规模化的技术红利反哺到市场和客户,让最终消费者享受到云计算的好处。另一方面,一些中小型云计算厂商聚焦在特色、优势行业,垂直做深做厚,另一些中小型云计算厂商则转型为提供云计算技术咨询、实施的服务厂商。整个云计算行业一改当初所有云计算厂商扎堆 IaaS 层的局面。

二是增速趋稳。历经多年的高速增长,随着各家云计算厂商的规模越来越大,增速也逐步趋稳。

三是差距收窄。几个头部云计算厂商之间的差距不断缩小,特别是微软和亚马逊之间的差距收窄最明显。云计算厂商之间的竞争进一步加剧。

四是区域化差异明显。在亚太区有明显的区域效应,作为发源于亚太区的阿里云,其市场占比明显高于其他;而在欧洲和美国区域,亚马逊、微软、谷歌则占据绝对优势。

4. 云未来

云服务正在快速增长,越来越多的客户开始接受和使用云服务,成千上万的企业愿意将业务系统部署在云上,上云/迁云已经成为企业 IT 的大趋势。不仅仅是企业,普通民众也逐渐意识到云计算和大数据给日常工作和生活带来的变化。那么,云计算的未来发展方向是什么?

首先,云计算会更智能。当面对更大的数据量、更复杂的场景时,我们需要云计算提供更强的计算能力、更大的存储能力,以及更优秀的算法、模型和计算平台。为实现大数据向人工智能的转变,我们甚至希望减少人的经验在模型训练中的参与程度。新技术的出现将会带来颠覆性的改变,这些新技术很大程度上将来自物联网、量子计算、大数据和人工智能等领域。

其次,云计算会更安全。在云计算概念初现时,数据泄露和数据丢失等安全问题是备受关注的话题。数据是企业的核心资产,必须保证其不会丢失、不会被偷窥和窃取,甚至还要防止云计算厂商监守自盗。如今,大量的企业已经将业务迁移到云上,甚至一些创业公司从创建第一天起就开始在云上运营。更多企业上云也暴露了更多的云安全问题,如不安全的接口、分布式拒绝服务、内部员工的恶意破坏等。

最后,云计算会使生活更美好。得益于云计算,我们的生产和生活变得更加美好。例如,新浪微博在每年春节只需要临时租用云上虚拟服务器,就可以轻松应对成倍的业务压力,这为其节省了上千台服务器的采购费用;阿里云在杭州实施的城市大脑通过智能调节信号灯,让车辆通行速度最高提升了11%;阿里云 ET 能够挑战优秀速记员,为会议提供速记服务,甚至还能解说体育比赛;支付宝可以用刷脸进行支付等。

然而,我们也看到,云计算还有许多需要完善和提高的地方。目前,云计算服务还无法像智能手机那样实现任何普通人都能轻松操作;云计算的资源也无法像水、电、煤气一样作为一种公共基础设施而自由使用;此外,云计算中还有许多技术难题等待技术人员去攻克。

云计算是一个技术概念,同时也是一个商业概念,但其本质是计算。正是不断计算,才使得我们一次次突破科技瓶颈,推动科技进步,促进人类文明发展。在现代生活中,计算无处不在,贯穿于我们的日常工作和生活中。计算的终极意义是发挥数字的力量,解决问题,创造价值,让数字不止于数字,而是具有人类情感和思想的属性。云计算正是通过提供强大的计算能力和先进的算法来实现这一目的,让计算变得更加普惠和易用,让人们更好地利用数字技术,创造更美好的未来。

## (三)人工智能

人工智能是计算机科学的一个分支,企图了解智能的实质,并生产出一种以新的能与人类智能相似的方式做出反应的智能机器,该领域的研究包括机器人、语言识别、图像识别、自然语言处理和专家系统等。人工智能是利用数字计算机或者数字计算机控制的机器模拟、延伸和扩展人的智能，感知环境、获取知识并使用知识获得最佳结果的理论、方法、技术及应用系统。人工智能的定义对人工智能学科的基本思想和内容做出了解释，即围绕智能活动而构造的人工系统。

1. 起源

"人工智能"一词来源于 1956 年 8 月美国达特茅斯学院的夏季研讨会。而在 1955 年 8 月的时候，"人工智能"在一份关于召开国际人工智能会议的提案中被提出，这份提案由东道主约翰·麦卡锡、哈佛大学的马文·明斯基（Marvin Minsky）、IBM 的纳撒尼尔·罗切斯特（Nathaniel Rochester）、信息论的创始人克劳德·香农（Claude Shannon）联合递交。一年之后，在达特茅斯召开了第一次人工智能大会，而这次会议被认为是开辟了人工智能研究领域的历史性事件，所以一般来说，人工智能起源于 1956 年。

机器学习（machine learning）是人工智能的一个分支，是实现人工智能的核心技术之一，即以机器学习为手段解决人工智能中的问题。机器学习通过一些让计算机可以自动"学习"的算法进行分析并获得规律，然后利用规律对新样本进行预测。对于机器学习而言，它需要大量的历史训练数据，而且同时需要告诉它正确的结果标签。经过这样的训练，它会形成一个模型。当获得新的数据，它会根据模型去预测出这个物品的未知结果属性。人类学习和机器学习的过程很类似。人类是通过各种各样的经验归纳出规律，当有新问题产生时，通过头脑运作产生相应的结果。而机器是通过历史数据做训练，形成一个训练好的模型，当有新的数据输入进来，通过这个训练好的模型做计算，得到的结果就是预测出来的新的未知属性。

机器学习可以分为有监督学习、无监督学习、半监督学习、强化学习。有监督学习（supervised learning）指的是事先需要准备好输入与正确输出（区分方法）相配套的训练数据，让计算机进行学习，以便当它被输入某个数据时能够得到正确的输出（区分方法），常见方法有逻辑回归、决策树、支持向量机、朴素贝叶斯、神经网络等算法。无监督学习（unsupervised learning）的目的是让计算机自己去学习怎样做一些事情，所有数据只有特征没有标签,常见方法有 K 均值聚类算法、关联规则挖掘算法等。介于有监督学习和无监督学习之间的是半监督学习(semi-supervised learning)。半监督学习的训练数据一部分有标签,另一部分没有标签,而没有标签数据的数量常常远大于有标记数据的数量。强化学习(reinforcement learning)是为了解决计算机从感知到决策控制的问题,从而实现通用人工智能,常见方法有 Q-learning、Sarsa、Deep Q-Network 等。

深度学习(deep learning)是机器学习的子集,指使用深层次神经网络的方法。神经网络算法的核心就是计算、连接、评估、纠错和训练,而深度学习的深度就在于通过不断增加中间隐藏层数和神经元数量,让神经网络变得又宽又深,让系统运行大量数据来训练它,常见方法有卷积神经网络、循环神经网络、图神经网络等。得益于大数据时代的到来和计算机算力的快速增长,深度学习得到了极大发展,把人工智能推向了新的高潮,如今深度神经网络在各领域大放异彩。2012 年,卷积神经网络 AlexNet 横空出世,以 15.4% 的低失误率夺得当年 ImageNet 大规模视觉识别挑战赛冠军,成绩远超第二名。随着深度学习网络的发展,到了 2015 年,对图片的识别已经超过了人眼的精确度。2016 年,阿尔法围棋以 4∶1 战胜围棋世界冠军、职业九段棋手李世石,标志着人工智能取得了历史性突破。2017 年,阿尔法围棋又以 3∶0 战胜当时世界排名第一的柯洁。

城市大脑依托云计算与大数据处理平台,利用先进的视频图像、图形学处理技术和深度学习算法,建立城市级人工智能模型,通过对相应场景的分析、索引和挖掘,赋能交通、市政综治、商业、园区、电力能源、医疗教育等各个行业场景。城市大脑针对城市管理中存在的痛点问题,提供人工智能分析及完备的大规模计算解决方案。

2. 关键技术

人工智能的关键技术包括计算机视觉技术、自然语言处理技术、跨媒体分析推理技术、智适应学习技术、群体智能技术、自主无人系统技术、智能芯片技术、脑机接口技术等。

计算机视觉(computer vision)是一门多学科交叉的研究,涵盖计算机科学、数学、工程、生物学和心理学等领域,是指用计算机代替人眼对目标进行识别、跟踪和测量等机器视觉,并进一步处理成更适合人眼观察或传送给仪器检测的图像,主要涉及图像分类、目标检测、目标跟踪、语义分割及物体分割五大技术。计算机视觉研究相关的理论和技术,试图建立能够从图像或者多维数据中获取信息的人工智能系统。计算机视觉技术的研究目标是使计算机具有通过二维图像认知三维环境信息的能力,这种能力不仅使机器能感知三维环境中物体的几何信息(形状、位置、姿态、运动等),而且能进一步对它们进行描述、存储、识别与理解。

自然语言处理(natural language processing)是以自然语言为研究对象的学科,利用计算机技术对自然语言进行分析、理解和处理。它把计算机作为语言研究的强大工具,通过对语言信息进行定量化的研究,提供可供人与计算机之间共同使用的语言描写。自然语言处理包括自然语言理解(natural language understanding,NLU)和自然语言生成(natural language generation,NLG)两部分,是集语言学、计算机科学、数学于一体的综合性学科。这一领域的研究与语言学的研究有着密切的联系,但又有重要的区别。自然语言处理的研究目的在于研制能够有效实现自然语言通信的计算机系统,主要应用于机器翻译、舆情监测、自动摘要、观点提取、文本分类、问题回答、文本语义对比、语音识别、光学字符识别等方面。

跨媒体分析推理技术的研究对象既包括网络文本、图像、音频、视频等复杂媒体对象,又包括各类媒体对象形成的复杂关联关系和组织结构,还包含高度交互融合的具有不同模态的跨越媒介或平台的媒体对象。通过"跨媒体"能从各自的侧面表达相同的语义信息,能比单一的媒体对象及其特定的模态更加全面地反映特定的内容信息。借助强大的脑功能,人类对不同模态的信息进行符号化转换和统一表征,进而在符号表示的基础上实现推理与决策,具有天然的跨媒体综合处理能力。类似于人类大脑,实现海量、复杂、异构的跨媒体语义贯通与统一表征是人工智能系统有效处理跨媒体信息的先决条件。跨媒体分析推理技术主要包括跨媒体检索、跨媒体推理、跨媒体存储等范畴,可应用于网络内容监管、舆情分析、信息检索、智慧医疗、自动驾驶、智能穿戴设备等场景。

作为教育领域最具突破性的技术之一,智适应学习技术(intelligent

adaptive learning)模拟了教师与学生一对一教学的过程,赋予了学习系统个性化教学的能力。和传统的教学方式相比,智适应学习系统通过用人工智能模拟优秀教师的经验,定位每个学生的知识和能力薄弱点,提供高效的个性化学习方案,实现因材施教。智适应学习技术体系包括知识状态诊断、能力水平评测和学习内容推荐等。

群体智能(collective intelligence)也称集体智能、群智。群体智能是一种共享的智能,是集结众人的意见进而转化为决策的一种过程,用来应对单一个体做出随机性决策的风险。对群体智能的研究,实际上可以被认为是一个属于社会学、商业、计算机科学、大众传媒和大众行为的分支学科,研究从夸克层次到细菌、植物、动物以及人类社会层次的群体行为的一个领域。目前群体智能的研究主要包括智能蚁群算法和粒子群算法,智能蚁群算法主要包括蚁群优化算法、蚁群聚类算法和多机器人协同合作系统。其中,蚁群优化算法和粒子群优化算法在求解实际问题时应用最为广泛。随着群体智能算法在诸如机器学习、过程控制、经济预测、工程预测等领域取得了前所未有的成功,它已经引起了数学、物理学、计算机科学、社会科学、经济学及工程应用等领域科学家的极大兴趣。

自主无人系统技术融合机械、控制、计算机、通信、材料等多种技术,使得系统能通过先进的技术进行操作或管理而不需要人工干预。自主无人系统可应用到无人驾驶车辆、无人机、服务型机器人、空间机器人、海洋机器人、无人车间、智能工厂等场景中,并发挥降本增效的作用。自主无人系统技术涉及环境感知、数据融合、自主决策等关键技术。

目前,关于智能芯片的定义并没有一个严格和公认的标准。一般来说,运用了人工智能技术的芯片都可以称为智能芯片,但是狭义上的智能芯片特指针对人工智能算法做了特殊加速设计的芯片,现阶段,这些人工智能算法一般以深度学习算法为主,也可以包括其他机器学习算法。

脑机接口(brain-computer interface)是在人或动物脑(或者脑细胞的培养物)与外部设备间建立的直接连接通路。通过单向脑机接口技术,计算机可以接受脑传来的命令,或者发送信号到脑,但不能同时发送和接收信号。而双向脑机接口允许脑和外部设备间的双向信息交换。

## （四）区块链

区块链是比特币等数字货币的底层技术,本质上是一种带有通过密码学实现的、数据"散列验证"功能的数据库。密码学是区块链技术的核心。狭义的区块链是一种按照时间顺序将数据区块以顺序相连的方式组合成的一种链式数据结构,并以密码学的方式保证不可篡改和不可伪造的分布式账本。广义上而言,区块链技术是利用块链式数据结构来验证与存储数据、利用分布式节点共识算法来生成和更新数据、利用密码学的方式保证数据传输和访问的安全、利用自动化脚本代码组成的智能合约来编程和操作数据的一种全新的分布式基础架构与计算范式。

### 1. 区块链 1.0

根据区块链科学研究所创立者梅兰妮·斯万（Melanie Swan）的观点,区块链技术发展可分为三个阶段或领域:区块链 1.0,即可编程货币;区块链 2.0,即可编程金融;区块链 3.0,即可编程社会。

区块链最早可以追溯到1983 年,大卫·乔姆（David Chaum）首先提出把加密技术用在数字现金上。乔姆应用了盲签（blind signature）,签名者是不知道其所签名消息的具体内容,仅在未来某一时刻（以公证人的身份）证明签名的真实性。这就是密码学上所谓的盲签。这个思路形成了"第一个真正的电子货币方案"。但由于这个方案中需要中心服务器,因此没有得到推广。

1997 年至 1998 年,英国密码学家亚当·贝克（Adam Back）提出了哈希现金（Hash cash）方案。该方案最初是为了防止垃圾电子邮件,它采用"证明工作"的方式,即发送一封电子邮件,收件人可以通过检查标头中的哈希现金邮票来验证邮件的真实性。此后,戴伟（Wei Dai）提出了 B 币（B-money）,这是一个匿名的分布式电子现金系统。尼克·萨博（Nick Szabo）提出了比特黄金（bit gold）方案,并定义了数字货币需要完成的三个要求,即"安全性强、仿冒成本高、精确估值"。他还发表了关于智能合约的论文,智能合约是区块链处理交易的核心方式,而区块链应用的实质可被看作一个个智能合约的组合。同时,哈尔·芬尼（Hal Finney）提出了工作量证明

(PoW)的电子货币方案。

2008年10月,区块链迎来了第一个里程碑。中本聪(Satoshi Nakomoto)发表了题为《比特币:一个点对点电子现金系统》的论文。中本聪将哈希链、公钥加密、工作量证明等多个核心要素结合,创造出了去中心化的电子货币——比特币(BTC)。随着比特币的出现,区块链革命的三个基本组成部分也随之出现,即加密数字货币(cryptocurrency)、分布式账本(distributed ledger)和去中心网络(decentralized network)。2009年1月,中本聪挖出了比特币历史上的第一个区块,即创世区块(Genesis Block),实现了比特币算法的"挖掘"并获得了第一批50个比特币,区块链时代正式开启。2010年5月,美国程序员拉斯洛·豪涅茨(Laszlo Hanyecz)用1万个比特币买了两块披萨,首次打开了加密货币完成支付的历史性大门。

2013年11月28日,比特币成交价首次突破1000美元。根据OKLink的统计数据,截至2023年5月7日,比特币的流通量已经达到1936.58万枚。

### 2. 区块链2.0

比特币系统和它的区块链最初是为了专门创建一个去中心化的点对点电子货币服务。如果将比特币系统看成区块链1.0,那么以太坊代表了区块链革命的深化,是区块链2.0的代表。

以太坊是一个去中心化的网络,也被称为"世界电脑"。2013年底,以太坊创始人维塔利克·布特林(Vitalik Buterin)发布了以太坊初版白皮书,启动了项目。在白皮书中,他对比特币系统的设计、优点和不足进行了详细分析,并全方位叙述了以太坊协议的技术设计和基本原理,以及智能合约的结构。他提出要建立一条新的区块链,使之成为一个去中心化应用平台。

以太坊是按市值计算的全球第二大加密货币,是一个开源的、全球化的去中心化计算基础设施。以太坊最初采用工作量证明的共识机制,2022年9月15日于区块高度15537394切换为权益证明机制(PoS)。与单纯的电子货币比特币相比,以太坊的电子货币以太币(ETH)是以太坊运行的燃料,可以执行称为智能合约的程序。智能合约使得以太坊可以支持更广泛的应用场景,如数字身份认证、供应链管理、电子票据、物联网、金融衍生品等领域。

以太坊上的应用可分为去中心化自治组织、去中心化金融、非同质化代币、标准代币协议四类。

一是去中心化自治组织(decentralized autonomous organization,DAO)。DAO 是一种通过编码或者算法定义的特定规则,让组织(公司或机构)可以自行运转的方式。以太坊的 DAO 借助智能合约实现,用户可以自定义应用场景。编码或者算法确定了程序的执行条件和范围,在真实世界中,通过预言机接收外部数据,进而触发设定好的条件,程序就会自动运行。所有过程通过以太坊网络进行去中心化公开验证,不需要人工或者任何第三方组织机构确认。这也是以太坊被称为"世界大脑"的原因之一。例如,The DAO 是一个由区块链公司 Slock.it 发起的众筹项目,让代币持有人决定如何投资,相关的提议由智能合约支持。以太坊生态的很多项目都采用了 DAO 自治的方式,如 Uniswap、AAVE、MakerDAO、Decred 和 Dash 等。

二是去中心化金融(decentralized finance,DeFi)。现实世界的银行是中心化的,我们需要去银行办理存款和取款等金融业务。银行背后有营业厅、公司董事会等中心化机构,各种金融操作必须得到中心批准。而在去中心化金融领域,区块链仅仅是一个集合所有人交易记录并公开的账本。DeFi 在公链上(如以太坊)搭建了一个新的去中心化金融世界,在这个世界里,不需要之前的金融许可就可以进入这个协议,通过智能合约自动实现金融需求,比如借贷、保险等。交易双方可以利用智能合约,将自己的数字资产质押进去,通过预言机获取数字资产价格,系统根据算法自动给出授信额度,并通过这个额度借款,按照算法规定还款周期与利率。当交易方违约时,合约会自动扣除所质押的数字资产。

DeFi 行业目前已经实现了许多金融功能,如开放借贷协议、衍生品、中心化市场预测、聚合收益理财、预言机、稳定币、非同质化代币、自动做市商(AMM)交易所等。DeFi 代表项目包括 Dai、Augur、Chainlink、WBTC、Balancer、Liquity 等。

三是非同质化代币（non-fungible token，NFT）。加密猫（CryptoKitties）的创始人迪特尔·雪莉（Dieter Shirley）在 2017 年提出了 NFT 的概念。NFT 和比特币的区别在于每一个 NFT 都是不同的，因此 NFT 是用来代表独一无二的各类作品的所有权的代币，进而让艺术品、收藏品、证件、个人数据等事物代币化、数字化。虽然数字化文件是可以无限拷贝的，但借助以太坊，可以跟踪 NFT 的流向，提供产权证明，使其成为有独特价值的资产。NFT 将各类复杂权益带到了区块链世界中，这些资产可以在链上追踪、转换所有权，且能够与区块链内部或者外部真实世界的数据进行交互。

NFT 生态包括 NFT 交易平台、NFT 游戏平台、NFT 艺术品平台，以及 NFT 与 DeFi 结合在一起的金融平台。NFT 代表项目包括艺术品交易平台 OpenSea、Rarible、AsyIc Art、Wrapped Cryptopunks、LinkArt；游戏平台 Enjin、Chiliz、Sorare、CryptoKitties；域名服务 Ethereum Name Service、Unstoppable Domanins；保险平台 Yinsure. finance；虚拟世界平台 Decentraland、The Sandbox 等。

四是标准代币协议（ERC-20）。ERC-20 是以太坊的一种通证合约标准，与比特币类似，以太坊也支持同质化代币。借助以太坊，任何人都可以轻松地发放自己的加密货币。目前在以太坊网络上运行的代币种类多达几百万种，其中包括 USDT、USDC、WBTC 等项目。

中国人民银行发行的数字人民币（digital currency electronic payment，DCEP）也是基于区块链技术的数字货币，即数字货币和电子支付工具。与支付宝、微信支付等电子支付工具不同，DCEP 是一种同质化代币，可以在离线状态下完成交易。

2021 年 12 月，中国人民银行工作会议指出，要稳妥有序推进数字人民币研发试点，强化了数字货币发展的顶层支持。2022 年 1 月，数字人民币 APP（试点版）正式在各大应用商店上架，它是法定数字人民币面向个人用户开展试点的官方服务平台，提供数字人民币个人钱包的开通与管理、数字人民币的兑换与流通服务。根据央行公布的数据，截至 2022 年 8 月 31 日，15 个省（市）的试点地区累计交易 3.6 亿笔、1000.4 亿元，支持数字人民币的商户门店数量超过 560 万个。

3. 区块链 3.0

区块链正在向 Web3.0 的方向发展,这就是所谓的区块链 3.0。当前的互联网是一种中心化的网络结构,网络的交互受限于中心化服务器。为了解决这个问题,一些基于区块链的 Web3.0 社交应用,如 Coo Social,正在尝试建立去中心化的社交网络,它可以让用户进行聊天、发布和阅览新闻,创建和存储 NFT、数字货币等。此外,像 IPFS(Inter Planetary File System,"星际文件系统")这样的分布式文件系统正在被用于存储和访问文件、网站、应用程序和数据,企图取代现有的互联网。区块链已经应用到信息产业的各个方面,而去中心化的互联网则可能是区块链的下一个应用领域。

# 二、城市大脑中枢架构

城市大脑由通用平台、系统与平台、中枢系统、应用场景和数字驾驶舱等基本要素构成,充分融合了云计算、大数据、区块链、人工智能等新技术。其中,中枢系统将各部分依照治理体系组织起来,形成城市治理的大脑,通过智能化的数据分析和决策,实现城市资源的高效利用和治理能力的提升,以达到整体智治的目的。

## (一)中枢系统架构及主要特点

中枢系统是城市大脑的重要组成部分,它实现了城市大脑在云计算上的运行,其总体架构图如图 4-1 所示。城市数据在中枢协议里流动,并融合了区块链协议,通过智能技术实现数据的高效管理和价值的发挥。城市大脑成为云计算、大数据、人工智能和区块链等新兴技术全面协同的载体,实现了全社会的数据互通、场景化的在线协同以及跨部门的流程再造。中枢系统具有以下几个特点。

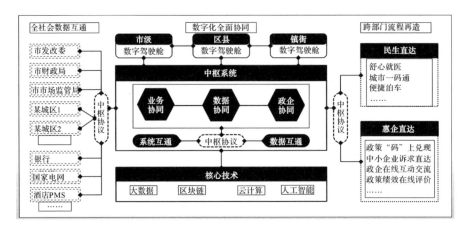

图 4-1　城市大脑中枢系统架构

1. 数据在线,资源共享

作为城市的数据交互融合中心,实现了城市数据的在线化。数据的在线化才真正实现了数据的可用性,这样城市就可以真正实现数据闭环,只有数据闭环之后才能实现数据的即时性,各个业务部门可根据不同的业务需求实现数据的即时获取以及基于数据分析的结果和行动策略的即时获取。

2. 数据协同,协同治理

作为城市的互通中心,不仅可以接入各种公共数据(如卫星数据、运营商数据等),还能够接入各个政府部门的各类系统和平台,进而实现系统互通(即各个职能部门之间系统接入城市大脑)。在系统互通的情况下,自然就实现了数据安全可信的流通,实现了跨部门、跨层级、跨区域的业务协同、数据协同。

3. 数据智能,整体智治

作为城市的处理中心,在实现数据闭环的情况下,实现从人的智能(人的经验)、人工智能(人的经验的规模化、集合化)到城市智能(机器智能)的迭代,从而真正实现通过数据和算力解决城市治理中的动态复杂问题。

（二）中枢系统的主要组成

中枢系统主要包含中枢协议、中枢协同机制、软件开发工具包和应用程序编程接口等内容。

## 1. 中枢协议

中枢协议是城市大脑的基石,协议描述如图 4-2 所示。

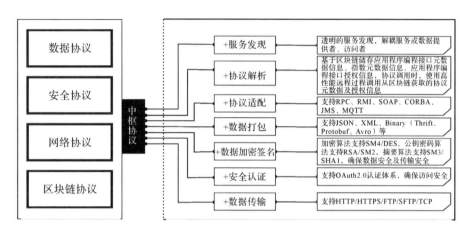

图 4-2 中枢协议

城市大脑通过中枢协议,连接部门系统、区县平台,实现系统互通和数据协同。中枢协议分为数据协议、安全协议、网络协议和区块链协议。

数据协议包含服务发现、协议适配及数据打包。通过服务发现,服务调用者可以透明访问服务提供者,而无需关心服务提供者的物理部署情况、网络结构,中枢系统会获取可用的服务地址,完成服务调用,并将调用结果反馈给调用者。协议适配用于适配不同的服务提供者及服务调用者,对于服务提供者,RPC、RMI、SOAP、CORBA、JMS、MQTT、Restful 中的一种即可,这意味着服务提供者无需进行任何协议层的适配,即可接入中枢系统;对于服务调用者,其可以根据自己的开发语言及框架,选择适合自己的协议访问中枢系统。数据打包协议,用于在服务调用者及服务提供者之间进行数据传输,支持的数据打包(序列化协议)包括 JSON、XML、Thrift、Protobuf 和 Avro 等。对于自定义的序列化协议,服务提供者需要提供序列化/反序列化类,对请求及响应的数据报文进行打包/拆包。

安全协议包括数据加密签名及安全认证协议。数据加密签名用于确保数据在传输过程中的安全性及完整性,确保数据不被拦截或篡改。数据加密算法支持 SM4/DES；公钥密码算法支持 RSA/SM2；摘要算法支持 SM3/SHA1。安全认证协议兼容 OAuth2.0 认证体系，确保协同过程中各参与方的身份合规性。

网络协议主要指数据传输协议，支持 HTTP/HTTPS/FTP/SFTP/TCP。

中枢协议使用区块链存储资源元数据信息（包括应用程序编程接口元数据信息、数据元数据信息、消息元数据信息、指数元数据信息）及资源授权信息，用于在不同的接入方之间共享资源元数据、授权信息，以确保资源的变更及授权过程可追溯，不可篡改。协议调用时，使用高性能远程过程调用协议从区块链获取协议元数据及授权信息，进行应用程序编程接口路由、协议报文解析、授权验证。

2. 中枢协同机制

中枢协同机制主要分为业务协同、数据协同和消息协同。

业务协同用于实现跨部门的业务协作，协作各方在获得授权的情况下，可以通过中枢系统访问对方的应用程序编程接口，以完成复杂的业务流程，同时确保跨部门业务的完整性和数据一致性。整个协同过程，协作各方无需关心对方的网络情况、部署情况、网络协议等，只需要获得授权，即可完成业务协作，可极大提升协作效率，节约开发成本。

数据协同主要用于跨部门的数据流动，数据协作的前提是，该数据已接入中枢系统，接入方式可以是文件、数据库、应用程序编程接口等，可以实时接入，也可以离线接入。数据需求方可以检索已接入的数据，并进行数据订阅，中枢系统会根据订阅需求，推送数据到需求方。订阅可以是实时或批量，但总体频率不高于数据接入频率。通过数据协作，可以在各部门、区县之间进行数据共享，实现政府数据价值最大化。

消息协同的主要作用是实现跨部门的数据实时流动，消息协同适用于半结构化的实时数据，作为数据协同的补充。另外，消息协同也可以连接物联网设备，实现物联数据的实时流动。数据需求方可以根据需求，订阅所关注的数据，中枢系统根据订阅方需求，确保消息可靠送达、延时送达，同时，中枢系统记录消息轨迹，以实现数据全程可追溯。

3. 软件开发工具包和应用程序编程接口

中枢系统通过开放应用程序编程接口对外提供资源服务、资源元数据服务,开发人员可以通过 HTTP/HTTPS/TCP/WebSocket/MQTT 协议实现对资源的调用或订阅。为方便各部门访问中枢系统,中枢系统提供标准软件开发工具包,以方便开发人员访问中枢系统上所开放的服务或资源。

通过软件开发工具包,开发人员可以获取中枢资源列表、资源元数据,并实现对资源的调用;同时,开发人员也可以通过软件开发工具包访问中枢开放服务,实现数据或消息的推送、订阅。

在跨部门、跨区县进行业务协同的过程中,中枢系统可以对多部门的数据进行融合计算,并通过计算得到业务协同指令或结果。中枢系统通过中枢协议,将实时或离线计算的结果输出到目标业务系统或物联网设备。对于计算结果,可以通过订阅的方式,实时或定时输出到指定的系统或物联网设备,系统或物联网需要按指定的接口规则实现数据接收服务;也可以通过应用程序编程接口或数据服务向各部门开放,各部门可以调用应用程序编程接口或数据服务进行检索。

### (三)中枢系统互联机制的延伸

中枢系统还可用于城市大脑的区、县(市)枢纽,街道节点及工厂节点等。按照"范围全覆盖、数据全口径、标准全统一"的要求,城市大脑推进各系统和平台特别是垂直机构、国有企业等系统和平台的有效接入,实现跨区域、跨层级、跨系统、跨部门、跨业务互联互通、共建共享。在城市大脑市级中枢系统基础之上,构建城市大脑区、县(市)枢纽,街道节点和工厂节点。

1. 中枢协议的跨城市互联

中枢系统城市互联的主要作用是解决跨城市之间的数据在线与协同。

城市一体化由全国各区域城市节点、各城市的城市大脑节点组成,用于全国不同城市之间实现资源元数据目录共享,实现跨城市的业务协同、数据协同。

所有的中枢系统在启动时,可以邀请相关联城市大脑,认证通过后下载 CA 证书,通过该 CA 证书加入各城市大脑区域一体化联盟,并向区域城市节点发送心跳请求,报告自身运行状态。所有注册到该中枢系统的资源元数据信息,均可通过各城市大脑区域一体化联盟在区域内进行共享;同时,各区域城市节点组成的区域一体化用于跨区域之间的资源元数据信息共享,进而实现全国不同城市之间的资源发现,真正实现区域数据的在线协同。

同一个区域内的城市大脑中枢系统,通过城市大脑区域一体化实现相互之间的资源发现,而跨区域的资源发现,则通过各城市大脑区域一体化联盟实现。例如,要想访问其他城市的中枢系统,需要进行授权申请,获得对方审批后方可访问;区域内的授权及审批指令均由区域城市节点进行路由、转发,跨区域的授权及审批指令由各区域节点之间进行路由、转发,所有的授权审批信息同时存储于所属区域的城市大脑区域一体化及各城市大脑区域一体化联盟上。

认证通过后,各城市中枢系统之间可实现资源相互调用,所有的调用请求由区域城市节点进行路由转发。

2. 城市大脑的区、县(市)枢纽

区、县(市)枢纽作为城市大脑的下级节点,在区、县(市)先行梳理数据,形成数据协同,通过逐级逐层的方式,全面实现部门系统与区、县(市)平台之间的数据互联互通。

城市大脑向下可以延伸到街道节点。基层治理作为国家治理体系的重要组成部分,是一项直接面向人民群众的工程,事关经济社会持续发展和安全稳定。街道、社区按照城市大脑中枢系统统一框架建设城市大脑街道节点,有效赋能基层治理。借助城市大脑中枢系统提供的协同能力,各街道、社区可以结合实际情况与创新理念,将基层治理场景作为重点,形成覆盖社会民生、综合治理、应急保障、便民服务的多种场景。

3. 工厂节点

工厂是国民经济运行及市场主体生产经营过程中必不可少的组成部分,承载着生产要素的主体作用。工厂按照城市大脑的标准接入,遵循相同的中枢系统接入规范。城市大脑中枢系统有利于政府职能部门为企业提供更好的社会服务,发现并解决多节点企业的共性问题,如为突发公共事务应急提供更科学的量化评估和决策支撑,协调区域资源(水、电、网、热、路)匹配等。工厂节点是城市大脑的重要组成部分,工厂节点的建设将更好服务于数字经济战略,带动企业管理水平和科技水平的整体提升。

### (四)中枢系统管理

中枢系统提供两个管理控制台:接入方管理平台、运营管理平台。

接入方管理平台主要面向接入到中枢系统的部门,区、县(市),企业(以下统称为接入方)。通过接入方管理平台,接入方可以作为服务提供者将数据、消息等资源注册到中枢系统,并审批其他接入方的访问申请;也可以作为服务消费者,检索并申请访问中枢系统上的其他资源。同时,接入方可以查看资源访问日志及相关统计报告,对资源进行限流、降级等。另外,接入方管理平台也提供完备的子账号及密钥管理功能,接入方可以为其所管理的每个系统集成商创建子账号、子密钥,并授予不同的资源访问权限,以确保数据安全。

另外,接入方也可以通过接入方管理平台,进行应用场景部署包、数字驾驶舱部署包的部署、升级、上架,应用场景或数字驾驶舱可以通过容器的形式部署在中枢系统集群内。

运营管理平台面向中枢系统的运营主体,管理整个中枢系统的接入方,处理接入方的资源授权申请,并查看资源访问日志。同时,运营用户可以申请连接其他中枢系统,申请其他中枢系统的资源或审批其他中枢系统的授权申请,以实现跨城市的业务协同、数据协同。

## 思考题

1. 城市大脑和新一代信息技术有什么关系?

2. 人工智能有哪些技术,分别解决什么问题?

3. 什么是大数据,大数据有什么特点和应用?

4. 什么是区块链,区块链有什么特点和应用?

5. 什么是云计算,云计算有什么关键技术和具体应用?

6. 什么是中枢系统,中枢系统在城市大脑技术体系中起到什么作用?

# 第五章　城市大脑的杭州应用场景

　　杭州城市大脑经历了从数字治堵到数字治城、数字治疫的持续发展。围绕解决城市治理、市民服务的痛点和难点问题,建设了警务、交通、文旅、健康等 11 大系统和 48 个应用场景,构建面向未来城市发展的新基础设施。鉴于众多场景还在不断迭代升级和拓展更新,本章只选取部分经典案例。①

## 一、新型政商关系数字平台:"亲清在线"

### (一)场景介绍

　　"亲清在线"平台为国内首创新型政商关系平台。过去,企业员工为获得 500 元住房补贴,需要提交 5—6 份材料和证明,现在通过"亲清在线"平台,只需要企业登录确认后,即可实时兑付到个人,实现从"最多跑一次"到"最多按一次"的变革。截至 2021 年 2 月 1 日,"亲清在线"平台 77.3 亿元"政策红包"秒达,惠及 27 万家企业;100 个企业高频事项上线,29 个事项自动秒办,累计办件 90.5 万件;企业开办"分钟制",工业项目全流程审批"小时制"……秒办、分钟办、小时办,是杭州推进政府数字化转型、打造最优营商环境的一个缩影。"亲清在线"平台已发展为覆盖政策兑付、行政许可、绩效评估、互动交流、诉求直达五大板块的综合性政企服务平台,同时还拓展了"民生直达"服务功能,使政府与百姓直接在线互联。

---

　　①　本章的七个案例来自编写组在杭州市数据局、发改委、城管局、文旅局、公安部交管局等政府部门和拱墅区、上城区、余杭区等区、县(市)的实地调研,以及上述相关单位提供的数据及资料。

## （二）建设背景

城市大脑是深度连接和支撑数字经济、数字社会、数字政府协同联动发展的城市数字化治理综合基础设施,支撑建设高效的 G2B(政府与企业电子政务)服务平台、打造国际一流营商环境是城市大脑赋能数字经济的重要领域之一。新冠疫情期间,申请杭州健康码人数突破 1200 万人,申请复工复产企业突破 24 万个,在这么短的时间内,让政府和企业建立了如此紧密的联系,这也为构建新型的"亲清"政商关系创造了千载难逢的机遇。各城市纷纷出台大量帮助企业复工复产的政策,由于有些政策缺乏明确的实施细则,因此很多"不懂政策"的企业难以"消化享受",政策兑付"最后一公里"存在梗阻,难以达到预期的效果。如此情形下,政商互动问题急需解决。

鉴于此,杭州利用城市大脑的建设成果和数字化经验,为统筹推进新冠疫情防控和经济社会发展"双线作战",固化提升"企业复工数字平台"和杭州健康码工作成果,按照"清上加亲、在线互动"的理念,开创性地建立了亲清新型政商关系数字平台(简称"亲清在线"平台)。

"亲清在线"平台是在城市大脑的全面支撑下,通过对政府部门"轻量级"资源整合、数据协同,形成的政商"直通车式"在线服务平台。平台以"大道至简"的服务理念为指引,以更精准、更直达、更主动的服务方式,实现政府与企业的在线互动、平等互信。在全市各级部门的协同攻关下,"亲清在线"平台于 2020 年 3 月 2 日正式上线,7 月 3 日完成全功能发布。平台基本建成政策兑付、行政许可、绩效评估、互动交流、诉求直达五大板块。这既是杭州打造国际一流营商环境的重要抓手,更是杭州在这个智能互联时代,以数字技术赋能亲清新型政商关系建设的具体实践。

## （三）解决方案

### 1. 一个端口、一个平台

"亲清在线"平台通过开放式的接口接入各政府部门提供的政策解读、政策发布等服务模块,聚合惠企政策信息,又向企业提供政策解读、政策兑付和互动交流服务等操作功能,打通企业和政府部门反馈、申请诉求的在线通道,后端通过城市大脑中枢系统,与部门及区、县(市)业务系统进行数据协同、业务协同,实现政策服务、在线互动和决策支持等功能。绩效评估从"事后评价"转变为"实时评估"。原先企业对政府的评价往往通过事后评价等方法实行,评价面不广、操作性不强,未形成长效机制。现在通过平台,企业可以对政府的服务、政策的效果开展实时评价监督,政府部门也可以实时了解政策执行的效果(见图 5-1)。

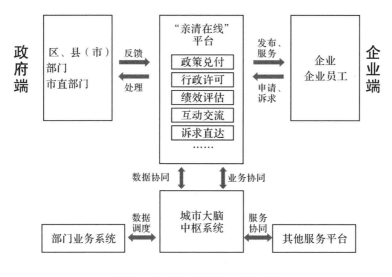

图 5-1　"亲清在线"平台总体架构

"亲清在线"平台对数据的准确性和数据之间的协同有很高要求,如果不能保障政策兑付所依据数据的真实全面,并实现城市级数据在线协同,政策兑付将存在较大的难度和风险。各部门,各区、县(市)为保证涉企数据真实全面,打造 1 个主驾驶舱、多个分驾驶舱的服务架构,使得区、县(市)部门之间,街道或乡镇与区、县(市)部门之间,市直部门与主驾驶舱数据协同,做到数据真实全面(见图 5-2)。

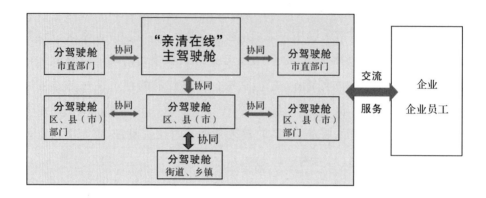

图 5-2 "亲清在线"平台服务架构

### 2. 以流程再造开创直达服务

"亲清在线"平台是数字赋能服务型政府建设的具体实践,核心是流程再造。通过对政策和服务的流程再造,改变了兑付方式,"亲清在线"平台实现了政企间的平等互动和服务直达。

根据《关于严格做好疫情防控帮助企业复工复产的若干政策》第八条,"发放企业员工租房补贴。对按规定缴纳社会保险费、2019 年全年工资收入低于 7.2 万元、未承租公租房和未享受政府住房补贴且在外租住房屋的企业员工,政府给予每人 500 元租房补贴"。以这条政策为例,经过流程再造,过去"层层上报、层层下拨"的兑付流程再造变为"零材料、零审批、秒兑现"的直达模式,从可能需要 1 至 2 个月的兑现耗时缩减为几秒钟(见图 5-3)。该政策的六项条件中,有四项通过数据协同可直接进行线上实时核验,以数据审批代替人工审批。而缺少数据支撑的两项条件,则通过企业信用承诺来代替证明材料,也就是企业审批代替政府审批,事后平台可以通过信用闭环的管理方式实现对企业承诺的可追溯性。这不仅是速度上的变化,实际上是政府与企业的关系发生了变化,政府审批变企业"审批",这是政府行政理念的变化,更是政府治理能力的一种体现。

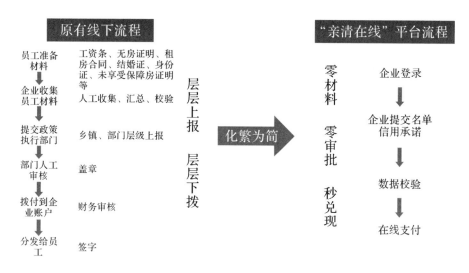

图 5-3　发放企业员工租房补贴兑付流程比较

再造政府工作流程,适应在线兑付、在线互动。以"财政资金拨付为例",传统模式下,财政资金需要逐级层层转拨才能落实到位,如"惠企"资金首先要由财政部门下发给各经济主管部门,再由主管部门下拨到企业;"利民"资金则需经过财政部门、主管部门、街道、村社等多次转拨才能到达群众手上。传统拨款模式的资金链条冗长,既不利于财政资金尽快发挥效益,也容易造成资金截留挪用、虚报冒领等问题。

杭州市钱塘区以推进"两直"政策资金拨付方式转变为契机,积极协调部门、街道、国库、代理银行等各方关系,依托"国库集中支付"和"亲清在线"平台等信息化工具,对传统拨款模式进行改造优化,创新了资金拨付的"直达"模式。"直达"模式简化了资金层层转拨过程,转为由国库直接将资金支付给企业和百姓,真正实现了"惠企"资金国库直接支付、"利民"资金直达群众,同时也实现了财政资金运转更加高效、更加安全。流程再造是保证始终在线和瞬间直达发挥效果的基础。

3. 以数字赋能升级政商智治

数智技术是"亲清在线"平台实现在线精准服务和政策兑付的根本依托,"亲清在线"平台以打通数据壁垒为突破口,通过不断提升数据协同和数据治理能力,逐步探索出一条路径清晰的数字赋能政商关系治理的新路径。

一是以数据协同驱动治理高效协同。城市大脑中枢系统按照政策兑付标准,对各个部门所拥有的数据进行协同,产生兑付结果(见图5-4)。数据协同强调的是数据的严肃性与真实性,实际上是部门的责任系统。

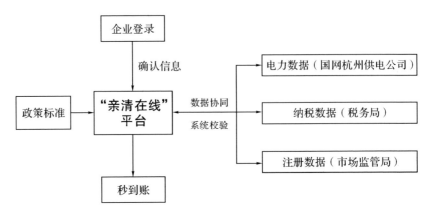

图 5-4 数据协同,秒到账

依托城市大脑,与税务局、人社局、房管局、规自局等 53 个职能部门及 14 个区、县(市),建立 453 个数据接口,集成 300 余个服务模块,通过中枢系统进行存储、计算及分析,对比结果经企业和个人确认后,资金直接发放至个人的银行账户或者支付宝账户。通过数据协同驱动以"服务场景"为中心的资源协同、业务协同、服务协同、监管协同,资金精准、主动、安全地直达企业和职工。通过数据的纵向协同实现赋能下沉,如支持余杭区建立亲清服务中心,探索面向企业的服务全集成;支持滨江区长河街道建立亲清驾驶舱,解决服务企业的"最后一公里"问题。

二是以数据治理实现风险全程可控。通过构建电子存证区块链,确保核心数据可证、可溯、不可篡改,建立安全可信的数字政务保障体系。基于图数据网络技术建立信用风控系统,构筑数字风控的新能力。在"应届高学历毕业生生活补贴政策"发布的 7 个月内,系统实时排查出风险企业 78 家,其中 2 家被检察院取证,4 家移交公安,9 家补贴追回,涉及金额 195 万元。

4. 以直达理念倒逼审批改革

"亲清在线"平台通过推出投资项目审批"小时制"、企业开办"分钟制"、关联服务"一表制"等标杆服务,在行政审批领域不断进行着"一键直达"式的颠覆性改革,推动涉企服务事项实现一键直达、一次不跑,让企业办事像网购一样方便,从而建立了"线上行政服务中心"全国新标杆。

以"企业工业项目全流程审批服务"为例,该服务从企业视角出发,力求通过最大程度信息共享、最小程度人工干预,打造全程智能、无感审批,实现投资项目审批"小时制"。

一是推进审批服务智能引导。对各个审批事项的前置条件进行数字化改造,平台根据前置环节信息自动为企业提供流程导引服务,实现审批全流程智能可导,彻底改变过去企业需要依托线下咨询串联复杂审批流程的状况。

二是创新无感智慧审批。12 类需办理事项中的 7 类事项,由"企业申报办"变为"政府内部办",无须企业重新进行进件,实现无感审批,大大缩减企业的办事环节和报批时间。

三是推进办理"小时制"。加强业务优化整合和流程并联化处理,将原来全流程审批的 10 个工作日,压减到 9 个半小时,以审批提速提升企业获得感、体验感。

四是推进材料减量化。对审批数据进行精准分类和全程共享,将过去需上报 24 份材料、246 个指标,减少到 6 份材料、20 个指标,材料减量 80% 以上。

5. 以信用承诺创新柔性治理

"亲清在线"平台充分利用信用承诺,实现了政策与服务的一键直达,但同时发现极个别企业未能很好地履行主体责任,违反信用承诺。"亲清在线"平台依托社会信用体系构建柔性管理机制,以更智慧的监管促进更便捷的服务。通过打通杭州市公共信用信息平台,充分利用信用承诺和信用奖惩手段,全面融合完善企业公共信用记录和评价,首次在政策兑付领域建立基于信用分类的事中事后"双随机"抽查机制,实现了"事前信用可诺、事中风险可控、事后信用可查、失信联合惩戒"的企业信用线上管理完整闭环。通过服务的过程,推动企业珍视诚信、敬畏诚信,营造"亲清在线"政企诚信互动的交流环境。

6. 实现五大功能

诉求在线直达功能:打通企业向政府表达诉求的在线通道,企业可随时随地将真正的诉求"一键"直达政府。

政策在线兑付功能:保障税务局、人社局、住保局、市场监管局等部门数据接入融合,实现惠企政策在线兑付。

服务在线落地功能:通过开放式的接口接入各政府部门提供的包括政策解读、政策发布等服务模块,聚合惠企政策信息。

绩效在线评价功能:通过引入互联网平台星级评价机制,实现企业对政府的在线监督,让政策的实施时刻处在被检查的闭环状态。

"许可"在线实现功能:通过数据驱动的"许可"模式变革,对"最多跑一次改革"进行在线深化,实现各种政策可在线"许可"。

## (四)建设成效

1. 政策兑付"在线直达",解决政策落地难

政策兑付是"亲清在线"平台率先上线的服务板块。杭州为把国家、省市在新冠疫情期间出台的各项纾困惠企政策通过不见面、不间断的方式快速精准地送达企业和员工,以疫情惠企政策为突破口,通过数据协同和信用承诺,进行政策流程再造,形成了"申报零材料、审批零人工、兑现秒到账"的直达兑付模式。

以"小微企业和个体工商户'两直'补助"政策为例,平台在短短 7 天之内完成了 36 万次机器审核,14.9 万笔线上支付,10.9 亿元资金即时兑付,中央资金 6.677 亿元 100% 兑付到位,惠及小微企业 99465 户、个体工商户 49480 户。在线直达的兑付新模式让政策得以高效精准落地,效果实时可见,及时化解了企业的燃眉之急,解决了职工的生活之困。

总理李克强在 2020 年 5 月 28 日召开的十三届全国人大三次会议记者会上强调政策资金要直达地方、直达基层、直达民生。"亲清在线"平台政策兑付的实践充分体现了杭州对总理指示精神的超前探索和先行实践。

2020 年,改造上线涉企政策 292 项,累计在线接收企业政策申请 205 万次,实现在线兑付政策资金 68 亿元,共支付笔数 123 万次,惠及企业 27 万家、员工 79 万人。

2. 在线许可"一键审批",政务服务再升级

为在浙江省政务服务 2.0 改革中主动承担拓荒开路、改革先行的责任,杭州以企业高频办理的许可事项为切入点,以"一键审批"为导向,开展了关联事项办理"一张表"、投资项目审批"小时制"、企业开办"分钟制"、行政征收"零人工"等改革创新,力争为全省创造可复制可推广的样板。推动建立"线上行政服务中心",截至 2020 年 11 月 23 日,累计上线 98 项企业高频办理的许可事项,29 个事项实现系统自动秒办,累计办件 608483 件,累计服务 3434476 次,累计服务企业 118316 家。

3. 企业诉求"一键直达",多策纾困更精准

为企业提供"诉求一键直达、政府多策纾困"服务。首批推出"我要租房""我要招工"等主题式的企业诉求渠道,在线汇集分析企业经营中的共性问题和困难,通过政策的精准化供给,撬动社会资源和服务的在线有效配给。

以"我要租房"为例。一方面,收集企业员工对保障性租房的具体需求,为房管部门制定完善的保障性租房政策、精准建设蓝领公寓提供依据。另一方面,为企业提供"零材料申报、零人工审核、当日可入住"的蓝领公寓线上申领和签约服务,实现保障性租房资源的在线供给。全年共上线蓝领公寓 2387 套间,完成线上租房 1266 套间。

"我要招工"为企业反映用工诉求和用工状况提供直达通道,帮助政府掌握全市用工就业整体形势。同时,通过在支付宝等端口开放"找工作"栏目,将企业招工需求释放到个人端,为个人提供"端对端、去中介"的免费求职渠道。

4. 互动交流"一窗对话",服务贴心更贴身

通过建立"亲清 D 小二"线上服务机制,架设政企实时互动的"云桥梁",为企业提供"一窗对话、限时办理"服务,实现咨询在线答、办件全辅导、诉求有回响。2020 年,杭州市落实 1857 名"亲清 D 小二",搭配人工智

能客服,进行线上实时响应服务,已为企业提供在线咨询和办件辅导 3.5 万余次(见图 5-5)。

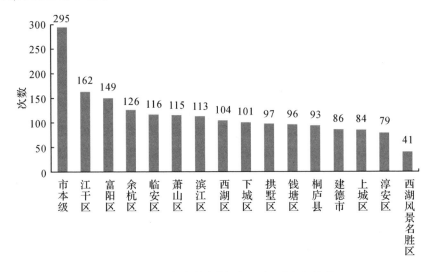

图 5-5　2020 年杭州市"亲清 D 小二"配备情况

5. 绩效评价"多维量化",服务成效实时知

建立以企业评价为核心的政策与服务评价体系,对服务满意率、政策兑付率、异议处理率等服务指标进行在线监测,实现"多维量化、实时可测"的数字化服务评价机制。

6. 创新突破"示范引领",撬动效应初显现

"亲清在线"平台是体现"以人民为中心"价值理念的直接窗口,也打开了一个倒逼政府持续改革的窗口,其推动的改革创新和服务创新,获得社会各界的广泛肯定与认可。《人民日报》两次头版头条刊登"亲清在线"服务企业案例,CCTV 新闻联播两次报道"亲清在线"创新服务理念,CCTV 新闻频道《朝闻天下》和《新闻直播间》、新华网客户端、中国新闻网等央媒集中报道,《浙江日报》《杭州日报》等地方媒体主要版面连续跟踪报道。各类地方电视媒体栏目多次采访报道(见图 5-6)。《杭州市"亲清在线"实现惠企政策兑付一键达》入选并刊登在浙江省委改革办《浙里改(领跑者)》第 10 期;"亲清在线"平台获评浙江省多业务协同应用展示"观星台"优秀项目。

　　杭州市委十二届九次全体(扩大)会议提出,以深化"最多跑一次"改革为引领,以"亲清在线"平台撬动各项改革,深入实施长三角一体化发展国家战略,加快建设"一带一路"重要枢纽城市,努力成为国际一流营商环境城市建设的实践范例。在"亲清在线"平台的改革引领下,民生直达、行政服务去中心化改革等一系列改革事项持续推进。

图 5-6　《人民日报》《浙江日报》《杭州日报》头版头条刊登"亲清在线"平台

## (五)启示与展望

　　"亲清在线"平台是一次以数据协同为技术赋能、以流程再造为改革赋能、以信用联动为管理赋能、以始终在线为服务赋能"四能叠加"下的现代化治理的场景式探索,通过坚持以企业视角审视问题、解决问题,突破定式思维,打破惯例,对政府服务的理念、行为、制度、规则、方法进行全方位改革,开创出一条数字赋能政商关系治理的新路径。

　　"亲清在线"平台是一次政府看到自己的能力、用好自己的能力,主动协同大中小企业创新的尝试,解决了政府找不到企业,企业找不到政府的问题。企业和部门都在这个过程中,转变了观念、得到了提升。

1. 确立"以人民为中心"的治理新理念

"亲清在线"平台坚持将"以人民为中心"的价值追求和"数字赋能治理"的手段创新相结合,彻底重塑政企关系,推动政企交流从"上门收集"转变为"在线呼应",政务服务从"坐店等客"转变为"互动平等",政策制定从"大水漫灌"转变为"精准滴灌",政策兑付从"层层拨付"转变为"瞬间兑付",政策效果从"绩效后评"转变为"实时可测"。通过转变各级政府部门的工作理念和视角,推动服务效率变革、创新动力变革、发展质量变革。

2. 建立"流程再造"的政府改革新路径

"亲清在线"平台的流程再造实践,推动了政策兑付、行政审批、资源配置、财政审计等一系列重点领域在规则制度、权力运行、治理结构等方面的政府改革。

一是流程再造倒逼数字化转型向规则层面深化。流程再造要求各事项在材料数据化、服务在线化的基础上,实现规则数字化。例如,为实现"两直"政策一键兑付,平台对 28 种符合政策资格的情形建立了数字化规则;为实现复杂审批流程的"智能导航",平台将各项目审批事项的前置条件进行数字化改造。360 余项服务事项的上线意味着 300 多套数字规则已在线建立。

二是流程再造推动政府权力运行模式重构。流程再造实现用数据协同替换人工审核,大量零人工政策和审批事项上线,在提升政府效能的同时,压缩了政府部门的自由裁量空间,维护了"亲而有界"的政商环境。

三是流程再造推动治理结构扁平化。在城市大脑中枢系统支撑下,多方数据按照再造流程进行无障碍协同,驱动业务与服务打破原有行政体系的管理层级和界限,形成了以"亲清在线"平台为载体的扁平化平台化治理结构,更有利于直达式服务的实现。

3. 构筑"平等互信"的政商互动新关系

"亲清在线"平台将信用管理的理念置于政商交流的场景之中,建立了以信用为基础的政商关系治理逻辑。

一是以"信用联动"实现全生命周期监管。协同市公共信用信息平台,建立以信用为核心的事中风控体系、事后监管机制、奖惩联动机制,对信用良好的企业给予充分信任,对信用不佳的企业给予限制,逐步形成了循环自净的企业信用治理环境。

二是以"承诺互动"建立政企"互信"关系。企业通过信用承诺享受直达式服务的便捷,政府通过诉求直达、互动交流等服务,对企业做出了"你有所呼、我有所应"的公开承诺。政企之间首次在线上完成了信用承诺的双向互动,推动政企构建起了以信用为联结的互动关系,这样的关系和谐牢固,支撑政商关系治理向"善治"阶段发展。

4. 建立"诉求导向"的政策设计新模式

随着"亲清在线"平台服务的不断完善,以高频服务带动高频交流,以高频交流提升服务质量的迭代升级的发展逻辑在"始终在线"的服务过程中不断生效,使得从企业诉求出发的政策制定、兑付、评价、交流的服务闭环逐渐构建成型。"亲清在线"平台将"亲清D小二"服务穿插设置在政策兑付和政务服务的各个环节模块中,让企业能在办事过程中随时发起交流评价,从而帮助政府在高频的交流中,更全面深入地了解企业的发展状态和诉求困难,找准服务企业的切入点和着力点,更精准地制定政策、创新服务。"始终在线"的服务与互动,支撑各级部门逐步确立了"以企业为中心、以数据为依据"的政策设计原则和方法,提高了政策设计的精准度和政策实施执行力。

# 二、民生领域智能化服务平台:"民生直达"

## (一)场景介绍

民生连着民心,民心关乎国运。增进民生福祉是发展的根本目的。习近平总书记指出"让老百姓过上好日子是我们一切工作的出发点和落脚点"[①]。近年来,各地以"政府数字化转型"工作为契机,积极开展民生服务领域的信息化探索,民生福祉不断改善,人民生活质量显著提升。

---

① 习近平.中共中央关于党的百年奋斗重大成就和历史经验的决议[N].人民日报,2021-11-17(1).

"民生直达"是惠民便民的数字化服务平台,是"亲清在线"思想在民生领域的具体实践,实现了民生资金兑付"一个都不少、一天都不差、幸福秒到账"。

## (二)建设背景

党和各级政府一直非常重视困难群众和弱势群众的基本生活保障,有针对性地出台了各项政策,取得了非常好的效果。但是,传统民生政策的兑付,往往需要政府、群众"两头忙",即群众需要准备政策规定的各种材料,政府部门需要大量的人力和时间来审核材料和受益资格,有办理烦琐、材料复杂、耗时长、失误多、不能全覆盖、到账慢等难点、痛点。特别是2020年初的新冠疫情肆虐,本就弱势的困难群体,出行时要经历重重健康核查关卡,更是雪上加霜,让本是针对民生的保障政策,落到实处时"显得不是那么方便"。

## (三)解决方案

### 1. 数据协同破壁垒

数据赋能从"定向索取、单点对接"到"实时协同、全量获取"。以民生需求为导向,加快数据资源归集共享和协同。例如,西湖区三墩镇首批上线的12项民生政策涉及公安局、民政局、残联、人社局、卫健局、教育局等6部门的数据,涉及20余个数据接口。通过各业务部门系统开发接口和向省市数据共享平台申请等方式,将数据接口注册到城市大脑中枢系统,实现跨区域、跨领域、跨部门数据互联互通、共融共享。将原本需要由群众提供的政府数据转而通过数据协同获取,破除部门业务壁垒。

### 2. 流程再造提速度

业务管理从"层层审批"到"一键直达"。对于区、县(市)自有事项,平台自动核定发放名单,从确认到发放实现一键全流程办理。对于省市级给付事项,由省市平台汇聚各条线数据核定兑付名单,自动同步至"民生直达"平台,依结果自动发放,切实踢好省市民生政策一键直达的"临门一脚"。以数字化变革倒逼流程优化、模式创新、效率提升,将"数据多跑路、群众少跑腿"落到实处。通过"民生直达"平台,变"坐等申报、审核材料"为"主动推送、无需材料、瞬间兑现"。例如,对于重度残疾人补贴发放工作,之前重度残疾人申领补贴需 6 个步骤、7 天公示期、15 天审核,上线"民生直达"平台后,所有流程全部"归零",大大提升了基层人员办事速度,使得基层政府运行更高效。

3. 资金兑付统一化

资金兑付从"多渠道分散"到"集约式统一"。归并同类项,最大程度整合同类政策,自动校验同一人员、同一信息在不同时期、不同系统中的数据,计算发放对象及金额结果,既避免重复建设,又能最大限度发现和避免多补、漏补、重复补贴的情况。两端同开放,打造"政府端"和"社区端",在政府端设置批量预审、批量发放功能,对核验成功的定期自动发放,兑付不成功的,自动流转到社区端二次核实、修正后发起线上兑付,大大减少了社区工作者的重复劳动。

4. 主动服务零申请

百姓申请从"多材料、长等待、依申请"到"零材料、零等待、零申请"。对于残疾人社保补助,从以往要准备 6 份材料,经历申报到兑付共 7 个环节,办理耗时 2—3 个月,转变为数据协同后,对符合条件的直接生成打款指令,补贴资金即时到账,彻底消除了群众准备各种材料、到处递交申请的"折腾"。以百姓为中心去思考问题,变"政策发布、政策解读、审核材料、政策兑现"的流程为"制定标准、协同数据",将"坐店等客、审核材料"的管理方式变为"主动推送、无需材料、瞬间兑现"的服务模式,实现一个都不会少,一天都不会差,群众满意度、获得感大幅提升。

**(四)建设成效**

从 2020 年 3 月开始,通过一年的探索实践,"民生直达"平台实现了民生资金兑付"一个都不少、一天都不差、幸福秒到账"。截至 2021 年 3 月,已经上线政策 63 条,累计发放保障资金 17.02 亿元,惠及 258 万人次。

1. 数据最准

民生政策兑付信息实现自动获取或综合计算得出,实现了数据集成基础上的智慧应用,打破了各部门"通过审核确保数据真实性"的惯性思维。将原先的群众主动申请变为政府主动推送,使得原本因为不知晓政策或者申请材料不全出现的遗漏补助、无法补助的群众,通过城市大脑中枢系统自动匹配获补条件,做到"政策全覆盖,一个都不少"。之前杭州西湖区三墩镇一名重度精神残疾病人本应该享受两项残疾人补助政策,但她把相关证件藏了起来,家属找不到,因此无法完成补助申报,家属为此多次向街道反映,面对政策要求,街道人员也无能为力。2020年,"民生直达"平台上线后,她的精神残疾信息通过城市大脑中枢系统自动匹配到"民生直达"平台,两项残疾人补助政策自动将其纳入补助名单,一次性补齐了3500元。

2. 流程最少

一是纸质材料全免、申报流程全无、等待时间归零。例如,西湖区三墩镇上线的12项政策实现72个审批流程、36件纸质材料、105天等待时间"归零"。

二是"减负提效"明显。以往,西湖区三墩镇428名社工平均每人每月要服务困难人员400多名、收集审批材料300多项、跟踪审批流程500多道,平台运行后,大大减少了人工环节,实现了"数据多跑路、社工少跑路、百姓不跑路",为社工平均每天节约了3个小时,社工从日常琐碎的事务性工作中抽离出来,将更多的时间用在深入走访群众、及时解决问题上。

3. 兑付最快

通过积极与省市沟通对接,破除固有壁垒,实现资金发放"零审批"、线上兑现"零时差"、全面覆盖"零遗漏"。同时依托城市大脑中枢系统,让民生政策兑付更及时、更便捷、更有温度。例如,对于高龄津贴发放,之前是社工当月核对所在社区的80岁以上老人,下个月再发放补贴,而上线"民生直达"平台后,平台事先通过城市大脑中枢系统后台自动比对校验,老人80岁生日那天时,经社区确认,补贴直接发至个人账户,真正实现"温暖当日达,一天都不差"。

## （五）启示与展望

"民生直达"平台，依托数据协同运算，以数据驱动力为基础，推进城市治理的末端民生服务改革，真正变人找政策为政策找人，带给我们许多城市治理方面的启示与探索。目前，杭州城市治理已迈入改革深水区，原来单部门、单业务系统的运作模式已经无法满足实际业务的需要，必须依托跨部门多业务协同，以大数据创新应用为基础，打通部门建数据的"最后一公里"，才能真正实现城市治理的"最后一公里"。

# 三、停车场景："先离场后付费"

## （一）场景介绍

围绕车主停车时经常遇到的"离场难"等痛点问题（多次扫码，操作不便；频繁付费，体验不好；长时间等待，浪费时间），城市大脑停车系统推出了"先离场后付费"场景，实现停车不排队、快驶离、零接触，支持 ETC、支付宝、银行卡等多种缴费渠道的无感支付，市民只需"一次绑定"，就能实现"全城通停"，充分享受"全市一个停车场"带来的便捷。

## （二）建设背景

近年来，杭州汽车保有量持续快速增长，最新统计已达 288.1 万辆，但受城市发展空间制约，新建停车位的速度远滞后于汽车的增长速度。根据国际惯例，汽车保有量与车位数之比一般为 1∶1.3，但是杭州却仅为 1∶0.8，停车供需矛盾十分突出，市民停车一位难求，严重影响出行质量。另外，市民停车有时不知道停车场是否有车位，发现车位已满时，只能等待或者寻找其他停车场。市民驾车离开停车场时可能需要多次扫码，操作不便，频繁付费，导致长时间排队等待，浪费时间。

停车难、离场难已成为市民出行的痛点，也成为制约杭州城市道路交通治理高质量发展的难题。城市大脑停车系统围绕管理、服务、付费、决策、运营"五位一体"核心功能,构建了全国首个城市级停车系统,推进全市停车资源的统一接入和动态发布。按照便民服务与决策管理相结合的思路,推出"先离场后付费"便捷泊车服务,实现停车泊位资源效用最大化,打造城市智慧停车算法引擎,赋能城区治理,助力破解"停车难",解决城市治理难点和百姓的痛点,让百姓充分感受到实惠和便利,切实增强获得感幸福感。

### (三)解决方案

**1. 做好顶层设计,搭建"十个智"应用体系**

城市大脑停车系统按照便民服务与决策管理相结合的思路,通过资源整合、手段创新、功能拓展,构建了全国首个城市级停车场管理系统,建成了面向市民、车场、政府等多主体的"十个智"智慧应用体系,实现杭州停车大平台共享、大数据慧治、大系统共治。"十个智"智慧应用体系具体包括"智政"(面向决策)、"智惠"(面向服务)、"智管"(面向管理)、"智停"(面向经营)、"智通"(面向协作)、"智盈"(面向运营)、"智擎"(引擎服务)、"智联"(数据汇聚)、"智数"(数据治理)、"智感"(物联感知)十大系统。

**2. 汇聚停车数据,打造"全市一个停车场"**

为摸清全市停车泊位家底,城管局制定标准化排查流程,通过市、区、街道协同联动,开展三轮数据普查,对现有停车资源进行摸底,掌握了全市停车场的精确定位、出入口、收费标准等基本信息,并制定了停车场数据接入标准规范。同时,按照"应接尽接"原则,将全市停车场(包括政府投资建设停车场、商家和社会经营性停车场、道路停车泊位等)基础信息、车辆进出场信息等数据实时上传,消灭各个独立停车场之间的信息孤岛,给市民提供"全市一个停车场"的体验。目前,已有4700个停车场、130多万个泊位接入全市统一平台,基本实现市区全覆盖。

**3. 坚持精准发力,系统破解停车"三难"**

依托城市大脑停车系统,系统性地回答停车"三难"问题。一是将杭州划分为1.2万个网格,利用1290万条高德地图轨迹数据,结合违停、停车场饱和度等数据,分析出各区域的停车难度指数,解决"哪里难"问题。二是利用视频分析、GIS（地理信息系统）空间数据计算等技术，每天分析1200万条卡口数据，结合接入的停车场泊位数据，计算出每个网格区域的停车缺口数，回答"有多难"问题。三是通过交警和城管等部门违停数据，以及对外开放停车场停车指数等饱和度数据进行分析，可以发现一批可能存在的"停车盲点"（停车场内部有对外开放的空位，但周边200米内违停现象比较多的区域），探索"为何难"的原因。

4. 紧扣"惠民利民"，全力推进"先离场后付费"

"先离场后付费"支持"即时绑定、即时生效"，一站式查询停车账单等功能，可兼容商家停车优惠券系统，提供电子发票，实现便捷与优惠同享。

目前在浙里办、杭州城市大脑、便捷泊车、贴心城管等30余个渠道提供了"先离场后付费"个人开通入口，对接了支付宝、微信、市民卡、ETC、银行等126种支付方式。经过一年多的建设，2020年底全市已有3500余个停车场、75万余个泊位开通了"先离场后付费"服务，超过200万人使用，并因此积累了45亿条停车相关数据。

5. 深化应用场景，实现全市车位"一点达"

通过研究开发便捷泊车特色服务，实现全市车位"一点达"，加快停车场忙闲信息的发布。一是城市大脑停车系统通过高德地图、百度地图、贴心城管等APP，把3500个停车场泊位忙闲信息送到市民手中，市民可以实时掌握停车资源信息，寻找合适的空闲泊位，缓解"停车难""没车停"的问题。同时，在停车泊位诱导的基础上，为市民提供停车场智能诱导功能，通过全市停车场泊位预测算法，可以计算出未来短期目的地附近停车场的余位变化情况，让市民可以提前获知目的地1小时内泊位情况。

6. 着眼系统长效，法规运营同步跟进

通过修订《杭州市机动车停车场（库）建设和管理办法》，理顺停车管理体制，明确管理主体，统一管理和技术标准，并强化停车场备案管理制度，加强综合执法，打破了原先停车场管理多头、乱象频出的局面。通过组建杭州市城市大脑停车系统运营股份有限公司，推进停车场管理标准、流程的统一，提升停车场运营服务和信息化水平，保障城市大脑停车系统的可持续发展。

7. "无杆停车",实现"停车支付分离"

所谓"无杆停车",就是拆除现有停车场的闸机杆子,车辆驶入"无杆"停车场时,停车系统将对车牌进行自动识别、计费和数据交互。出场时,市民可通过"先离场后付费"系统、ETC、移动支付等方式缴费,也可在出场后通过手机提醒短信进行补缴。将支付环节与停车现场分离,实现快速离场,远程支付,让市民真正体验数字景区带来的便利和魅力。2020 年 11 月,西溪湿地景区在全国景区首推"无杆停车"(见图 5-7)。

图 5-7 "无杆停车"

西溪湿地景区推行的"无杆停车"在极短时间内经历并完成了从无到有的变革,关键是抓牢了"四大环节、三个阶段"。

(1)运营模式环节。由杭州西湖风景名胜区管理委员会(杭州西溪湿地公园管理委员会)成立专班,高位推动。具体由管委会主要领导牵头,宣传、财政、城管、交警、资产经营集团等相关部门、单位组成,推进"无杆停车"工作。初期,实行政府主导、国企主办、政府兜底模式。后期,根据运行效率,最终回归市场化运作、企业化运营。

(2)调研推演环节。在充分调研、分析的基础上,结合西溪湿地景区特点、特色,提出通盘考虑、试点先行、分步实施、不断升级的实施方案。广泛征求省市业务部门意见,并经过多轮调研推演,证明可行性,在全景区形成合力推动的良好氛围。

(3)系统改造环节。搭建"无杆停车"平台,对停车场基础设施、停车智能系统软硬件进行升级、改造,以满足"无杆停车"的功能需求,并对接城市大脑和数据局进行数据交互,向未缴费车辆车主手机发送提醒短信,确保实现远程支付。

(4)强化保障环节。场内通过增派志愿者、增设标识标牌,引导车主先离场后付费、移动支付,做好秩序管理、宣传咨询等工作,场外由属地管理处加派力量,进行外部疏导管理,确保内外有序、通行畅通、数据准确。对于欠费车辆,采取内外结合、多方联动的方式,建立信用体系和催缴模式,车辆第二次进入景区内停车场时,进行现场主动催缴。

(5)试点先行阶段,稳开局。2020年11月11日起,西溪湿地景区11个停车场试行"无杆"支付。每天增派30余名志愿者到现场负责秩序管理、引导车主开通"先离场后付费"系统、解决现场突发情况。11个"无杆"停车场整体运营情况良好,平均每天进出车辆约2800辆,停车费用收缴率约为83%(ETC占45%、便捷泊车占5%、场内移动支付占33%),彻底解决了停车场进出口排队问题。

(6)稳步推进阶段,保效果。根据试行情况,进一步完善各项措施。从2020年11月22日起对管委会名下61个国有停车场、4801个停车位进行系统联调联试,在11月30日前完成调试,并全面推行"无杆停车",进一步加强对停车场内和场外的日常管理。

(7)全面推广阶段,拓成效。以迎亚运城市面貌大提升为契机,进一步深化"无杆停车"在景区的应用,建设和完善智能化基础设施,升级停车智能管控平台,动员社会停车场积极参与,努力向"全景区一个停车场"的目标迈进。同时,通过全面、准确、实时的景区停车数据交互、展示和智慧诱导,为市民和游客提供更高效、准确的服务。

## （四）建设成效

### 1. 优化服务，提升了杭州市民城市幸福感

通过城市大脑停车系统，市民可以获取全城最权威的停车资源情况，可以及时获知最新的静态交通信息，可以随时随地享受便捷的停车服务。这一系列的停车服务，可以为车主有效减少入场等待、停车场找车、出场排队等停车过程中的无效时间。假设每次停车服务能节省 30 秒，相当于已为市民节省 15 多万个小时的离场等待时间，同时加快了停车泊位周转速度，提升了停车资源利用效率。以每 30 秒产生 4 克大气污染物排放计算，已累计减少排放 70 余吨，实现时间与能耗"双节约"。若提升 10% 的利用率，以目前接入 70 多万停车位估算，相当于释放了约 7 万个停车位，按一个停车位建造成本 20 万元计算，可为社会带来效益 140 亿元。

### 2. 提升资源利用效率，赋能街区治理，提升社会效益

城市大脑停车系统打造城市智慧停车算法引擎，充分发挥和挖掘海量停车数据价值，打通了停车场的泊位资源，解决了停车位空闲信息不透明的难题，加快各接入停车场的停车泊位周转速度，进而提升杭城停车资源利用效率。通过对停车指数、泊位指数、余位数进行聚合计算，提供标准化接口，统一赋能"停车难"区域进行治理，已为医院、商圈、景区等数十个治理点提供周边停车场泊位忙闲信息，属地通过引导屏、短信链接发送等方式实现智能诱导，让车辆直达停车场，车辆不排队。同时，积极开展服务指导，为更多"停车难"区域提供解决方案。

杭州市上城区东新街道通过罚单变成二维码，将东文路、新北街车辆引导至离小区 200 米的商业停车场，周边道路违法停车从日均 150 辆减少至日均 60 辆，路面停车秩序投诉同比下降 86%。

杭州市拱墅区长庆街道通过"线上＋线下"双管齐下，每天平均成功引导 35 辆车进行错峰停放，楼宇泊位指数提升了 0.2，夜间的停车指数提升至 58.3%。

杭州市拱墅区天水街道通过"一键找服务"，让停车找位路程平均缩短

1.7公里,单程节约18分钟,来回累计节约的总时间可实现商圈多逛1小时,实现来逛就能停,抬头就能见。

杭州市余杭区市民之家通过合理配置车位资源,引导市民就近停车,并且通过大数据分析将免费时长确定为一小时,周转率从3.4上升到5.7,免费车辆从2%上升到57%,实现307个车位满足2100人停车办事。

3. 变革车场管理模式,提升车场管理水平

杭州城市大脑"先离场后付费"在结合"无感支付"自动付费功能的基础上,提供了接口和规范,所有遵循该接口规范的停车场扣费机制由原先的先扣款再抬杆,改变为先抬杆再扣费,解决了原先"无感支付"因网络等因素扣费失败而导致无法抬杆等问题,并因为扣款环节后置,大大提高停车场出口通行效率,避免高峰期拥堵,提高停车场泊位周转率,并能有效解决现有停车场中的管理难点,减少人力支出,降低企业用工成本,提升车场营收。此外,通过打通数据链路,汇聚全市停车场项目立项、设计审批、竣工验收、经营备案及运营等数据,打通停车场全过程、全方位管理数据链,结合运营、服务数据,为每个停车场建立专属电子档案,实现杭州市停车场从规划、建设到运行的全生命周期管理。通过大数据分析建模,智能发现收费异常、套牌车、稽查车等问题,实现与物价、税务、公安、法院等部门的特色业务协同。

4. 社会影响广泛,实现"盆景"向"风景"的转变

新闻联播、新华网、人民网、腾讯网以及《中国建设报》《浙江在线》《杭州日报》等多家媒体对杭州城市大脑停车系统项目在缓解城市"停车难"以及改善道路交通状况进行的积极探索给予了肯定。近年来,全国共有各省、区(市)100批次考察团主动来杭学习城市大脑停车系统建设经验。郑州、温州、福州、长春、呼和浩特等多个地市已学习参考"杭州模式"建设城市级停车系统。

5. 构建信用体系,实现"缴费文明"向"城市文明"的转变

"无杆停车",需要每一位车主遵守契约和诚信,检验的是城市文明程度,助推的是城市文明水平提升。从试用期情况分析,收缴率达到86%,

但仍有 14％的未缴率。目前正在加大宣传力度,完善催缴模式,着力打通共享各类公共服务数据,推进构建城市信用体系。"无杆停车"的推进,初步实现了社会和市民游客"双赢"。按照西溪湿地景区每年进出停车场 400 万辆(次)机动车计算,如果全部实现"无杆"进出,以每辆汽车节约 20 秒时间计,共可节约时间 2.2 万小时,节约汽油 4.4 万升,大量减少尾气排放。

### (五)启示与展望

#### 1. 数字资源配置需要高层级推动优化

加速数据资源的市场化进程,放大数据整合、共享、利用等的输出效应。例如,用活用好交警、城管、ETC、114 等停车信息主管部门、单位的数据,解决"无杆停车"信息数据共享的一揽子问题。全面打通游客数据,停车数据,景点、酒店、饭店的预约数据,交通数据,实现景区交通、旅游、面上秩序等的整体智治,从而提高"无杆停车"缴费率和价值溢出效应,提升市民游客的满意度。

#### 2. 政府公共服务需要系统性整合完善

从"无杆停车"试运行的数据分析看,缴费率达到 86％,这也体现了杭州市民游客的诚信度,但 14％的未缴率,除遗忘、逃单等因素外,也一定程度上反映出城市公共服务还不够到位,如停车诱导、资讯服务、掌上办事、信用服务等服务的知晓度、便捷度与市民游客的期望值还有差距。对此,一方面,需要建设"无杆停车"管控平台,推动停车场智慧化改造,如增加语音播报设备、监控设备等,对所有未缴费车辆实现短信提醒,方便市民游客事后远程缴费,对第二次进入景区停车场的未缴费车辆实行现场补缴。另一方面,充分发挥浙里办、杭州办事等平台和系统的作用,对所有未缴费车辆进行提醒告知,不断提升车主缴费的主动性。

#### 3. 停车系统需智能改善

杭州城市大脑停车系统通过探索与实践,为解决市民停车"离场难""找位难"等核心、痛点提供了有效途径,并在全国率先探索了破解城市级"停车难"问题的杭州答案。下一步,还需全面推进四个方面的工作。

一是持续做好"先离场后付费"和"泊位一点达"应用推广,不断提高车场覆盖率、市民使用率,提升市民获得感。二是加速推动传统停车场向线上化、智能化的转变,打破停车场和市民之间的信息隔阂,提升停车场运营效率。三是持续深化系统管理和决策功能,逐步实现停车管理精细化和决策科学化。四是加大力度赋能街区治理,以重点商圈和大型医院为突破口,以点带面,全面改善"停车难"问题。

# 四、就医场景:"先看病后付费"

## (一)场景介绍

城市大脑"最多付一次"服务让就诊更便捷、环境更有序。患者看病时在任何一个环节都无须提前付费,就诊结束后既可以在医院自助机一次性支付费用,也可以离开医院后 48 小时内付费,改善了百姓的就医体验。

## (二)建设背景

近几年来,杭州聚焦发展智慧医疗、改善医疗服务,国内首创"全人群受益、全覆盖结算、全自助服务、全城通应用"的"互联网＋"医疗健康服务新模式,让人民群众共享改革成果,增强广大群众健康获得感、幸福感和安全感。通过城市大脑中枢系统的数据赋能,让数据多跑路,让患者少跑腿。开发建设各级医院"最多付一次""一码就医""刷脸就医""电子健康档案开放共享"等创新应用场景,把百姓看病就医的"烦心事"变成了舒心就医的"暖心事",充分展示了城市大脑让生活更美好、城市大脑让城市会思考的美好愿景。

## (三)解决方案

### 1. 功能与架构

一是"最多付一次"是医院就医流程的大变革,把原来的医生诊间、自助机多次付费减少到一次就诊只需付一次费,实现"1＋1＋1＝1"。既往模式是在医院就诊挂号、检查、化验、配药、治疗或住院的每个环节都需要付费,在城市大脑的协同下,杭州市参加医保且信用良好的患者,看病无须先付费,可直接检查、化验、配药、治疗或住院,就诊结束后 48 小时内可通过自助机、手机等方式一次性支付,实现"最多付一次费"。

二是"两卡融合、一网通办"、刷脸就医等创新举措让患者看病更便捷,就医环境更优化。

三是提升改造电子健康档案系统,建设卫健部门数字驾驶舱,信息共享让患者在不同医院就诊减少重复检查,让医生通过信息共享更全面掌握患者的病情,快速准确进行诊断和治疗。此外,根据城市大脑提供的信息,做到对疾病的提早干预,提前预防。

2. 精简流程,推行"方便"的诊疗新模式

在传统就医模式中,患者看病时的任何一个环节都需要提前付费。改造结算流程后,患者就诊结束后既可以在医院自助机一次性支付费用,也可以手机支付。实现医后"最多付 1 次",每次看病可以节省 1 小时以上,收费窗口减少 50%(见图 5-8)。

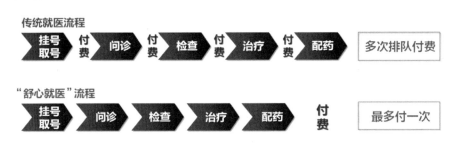

图 5-8  改造就医流程

"舒心就医"时,患者甚至可以不付费直接离开医院,系统每天 18 时起进行批量代扣,实现无感支付,为医疗付费减环节、减时间。

针对移动应用中的特殊人群——老年人和小孩,为消减"数字鸿沟","舒心就医"服务提供亲情账户,不满 18 周岁的未成年人和开通"舒心就医"服务的老年人,均可通过"亲情账户"绑定亲属的"舒心就医"服务实现代付功能,实现全年龄段的整体覆盖。

3. 互联互通,搭建"高效"的健康新平台

杭州通过城市大脑中枢交互,实现卫健系统、医保系统、发改委系统的信息互通,将线下的非医疗服务流程搬到线上,参保人员可在手机、自助机上开通"舒心就医"服务,并在"钱江分"的授信额度内,通过部门间系统互

联互通和医院流程再造,跳过挂号付费、诊间处方开单付费、入院预缴金付费流程,就诊结束后手机支付或者自助机支付,或者选择支付宝、银联支付,实现了"先就诊后付费"的便捷就医模式。

4. 汇聚全市医疗机构服务数据,统一智慧医疗服务驾驶舱管理

一是接入杭州市医疗机构数据。通过组建技术专班,基于全市医疗机构系统接入标准、路径、方法和技术方案,做好系统接入、测试、运营、服务等工作,保障"舒心就医"平台安稳运行。目前,杭州市已有302家各级各类医疗机构系统接入由富阳区配合承建的"舒心就医"平台。

二是保障医疗机构数据安全。按照《杭州城市大脑安全检查标准》,专题研究部署富阳云医平台安全运行保障方案,从安全设备硬件提升和安全管理制度完善落实等方面入手,从数据、运行、存储、隐私保护等多维度出发,以富阳区目前业务百倍增量为基准,扩充双环路网络、服务器、机房等资源,在网络宽带、存储容量、计算能力等方面加大投入,全力做到"舒心就医"平台的扩容升级,适应全市各级各类医疗机构接入给平台带来的业务增量,保障各级各类医疗机构数据安全。

三是智控"舒心就医"指数,精准展示。通过城市大脑卫健系统实时在线展示界面,实时掌握、准确分析全市各医疗机构的舒心就医情况。系统使用红、橙、蓝、绿四种颜色的数据条分别显示各医疗机构的就诊人数,数据反映市民在各医疗机构里挂号、看病、付费等诊疗行为情况。通过城市大脑对各医疗机构诊疗态势实时感知,形成"信用指数、拥挤指数、付费指数、移动指数、预约指数"等五个核心指数,反映预约挂号、移动支付等智慧医疗服务情况,实现数据驱动管理决策。

5. 细化服务,缓解就医停车难问题

为了解决市民就医时停车难的问题,医院通过城市大脑实现资源数据共享,市民可以实时获取医院周边停车场的空余车位信息,进而完善医院车辆的分流和引导工作。

杭州市开展"舒心就医"以来,全市二级以上医院早高峰排队时间从原来的9.53分钟缩短到2.7分钟,81%的院内泊车时间在3小时内。例如,杭州市第一人民医院目前日平均引流车辆达161辆,最高引流396辆。

6. 医患和谐,构建"信任"的就医新机制

杭州市卫健委通过与发改委、医保等部门间的信息互通,创新性地引入城市信用体系,根据"钱江分"对市民授予一定的信用额度。

城市大脑卫健系统"舒心就医"板块在富阳区率先上线,通过融合"钱江分"信用体系,重磅推出"先看病后付费"2.0 版——"钱江分先看病后付费",进一步扩大了受益人群。通过城市大脑数据分析与比对,综合了"钱江分"与原授信额度,为"先看病后付费"服务签约市民自动提升了门诊信用额度(住院信用额度仍然维持在 1.5 万元),而初始授信额度从原来的300 元提高到 500 元,平均额度 700 元,最高额度 5000 元,基本解决因信用额度不够引起的多次付费问题,实现就医付费的"最多付一次"(见表 5-1)。

表 5-1  门诊信用额度

| 钱江分 | 门诊授信额度/元 | 住院授信额度/元 |
| --- | --- | --- |
| <550 | 0 | 0 |
| 550—600 | 500 | 15000 |
| 600—650 | 700 | 15000 |
| 650—700 | 1000 | 15000 |
| 700—750 | 2000 | 15000 |
| 750 及以上 | 5000 | 15000 |

## (四)建设成效

1. "最多付一次"服务让就诊更便捷、环境更有序

目前,"先看病后付费"场景已实现 303 家公立医疗机构的功能覆盖,并开展"最多付一次"信用就医服务,累计服务 5716 万人次,平均使用率 98.65%,履约金额超过 25.7 亿元。自从有了这个场景,杭州市红会医院病人平均看病时间从 29 分钟减少到 19 分钟。这样的变革不仅方便了患者,也让医生更专注诊断和治疗,节省的时间可以与患者有更多沟通交流,改善了医患关系。

2. 城市大脑引领"舒心就医"和疾病防控

通过提升改造电子健康档案系统,杭州市 1000 多万医保病人在 303 家公立医疗机构实现电子健康档案调阅应用全覆盖。患者不带病历,医生也可通过系统及时准确获取以往病史和检查检验等信息。卫健部门数字驾驶舱实时

同步各个市属医院数据,已提炼近200项指标进入部门数字驾驶舱,逐步实现看到数据、掌握数据、分析数据、应用数据。

### (五)启示与展望

"舒心就医"是把原来的医生诊问、自助机多次付费减少到一次就诊只需付一次费,节省了时间,提升改造了电子健康档案系统。信息共享让患者在不同医院就诊减少重复检查,让医生通过信息共享更全面掌握患者的病情,快速进行诊断和治疗。互联网金融下,要有更多的前瞻性眼光,充分发挥互联网在生产要素配置中的优化和集成作用,充分发挥信用经济在构建市场经济中的重要作用,以社会信用体系的不断完善助推市场经济的不断发展,以个人信用的社会化应用和信用普惠经济不断给人们带来实实在在的便利。

## 五、文旅场景:"多游一小时"

### (一)场景介绍

以推动行业治理能力现代化为目标,聚焦游客入园排队、入住等候时间长等痛点,"30秒入住"打通公安登记系统、在线预订系统、酒店直销系统等六大系统,实现游客在30秒内完成入住;"20秒入园"打通线上预订系统、线下票务系统、闸机系统等三大系统,帮助游客在20秒内完成入园;"数字旅游专线"打造各个交通枢纽通向各个景区的直通公交专线。这些场景的目的是让游客在杭州逗留时间不增加的情况下,持续提升获得感和幸福感。

### (二)建设背景

"互联网＋"文旅、智慧旅游等文旅信息化建设已经在全国各地推进多年,但是文旅行业数字化转型依然存在诸如旅游管理决策不科学、酒店入住难等问题。让广大游客尽可能地摆脱堵车、排队时间长等烦恼,不仅可以增加游客的获得感、幸福感,还能显著增加地方旅游收入。按照杭州历史旅游数据测算,如果能让游客在杭州多游一小时,能够增加100亿元的旅游收入。通过推进城市大脑文旅系统建设与应用,可实现游客出行、景区入园、酒店入住和消费引导的精细化管理,能够让游客真正获得沉浸式的旅游体验。

### (三)解决方案

#### 1. 功能与架构

基于城市大脑中枢系统,通过闸机系统、票务系统、酒店物业管理系统、公安登记系统等系统数据的多链融合与服务场景叠加应用,将大数据、物联网等先进技术扩散到文旅行业的运营流程、服务供应链条、产品和服务创新、线上线下服务融合等领域,以数字赋能推动企业管理提档、服务升级。

在发挥政府主导作用的同时,引入市场化运作机制,与社会资本形成协同效应,加快推动数字技术在文旅行业的创新应用。"20秒入园"来源于各企业的深度参与和全面支持。无论是线下人员引导还是线上的扫码入园补贴,各企业投入了大量的资源,政府以最小的投入发挥最大的效应。"30秒入住"是城市大脑和银行、酒店、自助机厂商等的合作,企业出资,数据沉淀在城市大脑,为游客节约时间。

通过系统互通实现数据流通,改服务流程,改服务模式,改服务理念,推进整体智治体系构建(见图5-9)。

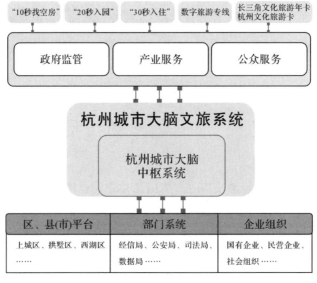

图 5-9　杭州城市大脑文旅系统架构

2. 首创数字旅游专线,赋能景区直达

2018 年,到访杭州的游客 1.8 亿人次,过夜游客 6800 万人次,乘火车抵达的游客约占 31%。2019 年初,杭州市文旅局采用电子围栏(在 250 米×250 米的网格内停留超过 30 分钟即作为该游客的首站)收集到达杭州火车东站的游客去向,首站区域集中在湖滨步行街;景点方面以西湖居多(见图 5-10)。

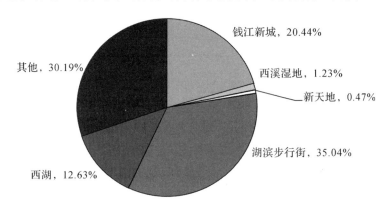

图 5-10　游客首站目的地分布情况

从城市大脑"让城市会思考,让生活更美好"的初衷出发,将城市大脑数字化治理的大数据优势与游客"快进快出"的管理需求结合,杭州东站枢纽管委会与市文旅局、市公交集团三方协作,首创精准输出旅客模式——数字旅游专线,把旅客快速、精准、便捷地一站式送达目的地。数字旅游专线于 2019 年五一小长假首次开通,目前从杭州火车东站发出的数字旅游专线有 3 条(西湖 1 号线、2 号线,临安吴越风 6 号线),累计服务旅客已达 34 万人次。

数字旅游专线是以数字化服务和体验为基础,在传统的交通基础上加上互联网,并整合多旅游要素(行、住、食、游、购、娱)而形成的数字旅游产品。其核心功能可以归结为:游客从哪里来,数据平台来摸底;游客怎么来,数字旅游专线一键预订;游客怎么玩,数字平台做保障;游客怎么说,数字平台来监测。目前已经开通的数字旅游专线以城市大脑为基础,以三个在线(车辆在线、游客在线、服务在线)为架构,通过为游客提供便捷的信息化服务,大大节省游客出行时间,助力"多游一小时"。

### (四)建设成效

城市大脑文旅系统在文旅监管、产业服务、公众服务等方面取得了显著成效。"30秒入住"覆盖649家酒店,2020全年服务600多万人次,仅华住集团在杭的酒店一年就节省2500万元。"20秒入园"覆盖206个景区(场馆),累计服务游客超过1800万人次。

杭州利用双休日1000多辆闲置车辆资源,在杭州火车东站、桐庐站等高铁站以及武林广场、湖滨步行街等商业中心,开通直达景点及酒店的数字旅游专线35条,累计服务游客132万人次。数字旅游专线已开通36条,累计服务游客164.5万人次。

### (五)启示与展望

一是数据共享发挥资源价值。以交通运行、空气质量、停车泊位、酒店入住等各方面的涉旅数据为资源,向数据要人力,向数据要服务能力,解决产业治理中的突出问题,实现创新的人性化治理模式。

二是系统互通再造服务流程。以用户需求为导向,通过系统互通实现数据流通,改服务流程,改服务模式,改服务理念,消除浪费市民游客时间的障碍。

三是场景落地提升治理能力。从应用场景出发,通过城市大脑实现公安、城管、交通和气象等各个部门及各区、县(市)业务数据的即时获取以及基于数据的分析结果和行动策略的即时执行,聚焦游客出行、景区入园、酒店入住和消费引导,推进精细化管理,提升产业治理智能化水平。

## 六、交通场景:"畅快出行"

### (一)场景介绍

基于城市大脑对各类数据的感知融合,以数据驱动建立信号优化算法,寻求交通信号控制最优方案,实现城市交通全场景下信号方案智能调度、实时更新,提升道路通行速度,减少路口停车次数,提高市民出行效率。关于在途量,杭州是第一个数清楚了每时每刻有多少辆车在路上跑的城市。延误指数,较好反映了道路拥堵情况下行驶所需时间与畅通情况下所需时间的比值。

## (二)建设背景

随着杭州经济社会快速发展,"车多路少、事多警少"的矛盾越来越突出。机动车和驾驶人保有量,分别是十年前的2.7倍和3.2倍,有限的道路资源无法承载交通量的快速增长。与此同时,近年来杭州城市快速路网、轨道交通网等市政基础设施建设加紧推进,可供通行的道路面积锐减。交通拥堵问题日益凸显,治堵压力空前加大。面对严峻的治堵保畅形势,杭州从数字治堵领域寻找突破口。

随着大数据、云计算技术的逐渐成熟和应用,城市交通数据资源得以整合,海量数据可以实时计算,基于城市大脑利用人工智能技术进行城市交通智能化治理成为缓解城市各类交通问题的发展新趋势。

## (三)解决方案

从2016年12月起,杭州市公安局基于城市生命体理论和"互联网+交通治理"的思维,坚持以服务实战为导向,以需求引领技术,按照"全面感知、战略主导、智能模仿、反哺系统"的路径,会同在杭高新企业,垂直整合大数据、云计算、人工智能等前沿技术,在2017年6月建成城市大脑交通V1.0,并在2018年9月迭代升级到V2.0,并通过两年时间逐步覆盖全市范围,实战应用于全市两级交警指挥部门,在此基础上完成了交通数据中心、交警云平台、公安视频专网、信号配时中心等城市大脑基础设施的建设,开启了杭州城市交通管理现代化、警务机制数据化的深度变革。

一是城市交通状态由定性向定量转变。城市大脑像CT(计算机断层扫描)一样每两分钟对城市道路交通状况进行一次扫描,实时感知在途交通量、延误指数、拥堵指数、快速路车速等七项"生命指标",精准测算全市每条道路实时行车速度,供决策指挥人员量化掌握实时路况。其中,在途交通监测技术为国内首创,领先国际同类技术。决策指挥人员借此掌握实时路况,预判发展趋势。对可能发生异变、突变的交通趋势,城市大脑自动提前警示,为指挥人员采取交通诱导、调整交通组织、勤务部署等应对措施赢得了时间。其中,城市大脑交通在途量,首次将城市道路在途车辆数清楚,并以此为契机推出"非浙A急事通"应用(见图5-11),允许外埠车辆在限行时段内通过线上报备通行,成为国内首个给限行措施"松绑"的城市。

图 5-11 "非浙 A 急事通"

二是交通事件处置由被动向主动转变。自 2017 年开始直到 2019 年底,杭州交警部门逐步将近 4000 路交通视频监控、1687 个信号灯路口及全部路段情况接入城市大脑,实现了城市道路交通全天候的自动巡检。目前,城市大脑日均能发现交通违法、道路拥堵、路口打结等各类交通事件近 3.18 万起,准确率达 96%,且从发现至产生事件报警用时仅为 5—10 秒,让衍生的交通拥堵、二次事故发生率有效降低。

三是交通信息共享由单向向互动转变。紧密结合"放管服"改革,将互联网地图、警察叔叔 APP、广播电台等作为重要窗口,第一时间发布路况信息并进行交通分流诱导。交通参与者也可以通过警察叔叔 APP 进行报警求助或发表意见、建议,与城市大脑即时互动,加强双向沟通。城市大脑交通 V2.0 上线后,警察叔叔 APP 的用户量迅速突破百万大关,采集和发布交通信息上万条。此外,基于城市大脑开发了 110、119、120 等救援车辆的"一路护航"功能,通过对象发起、并行协作,打通消防、医疗等"救援快速通道"。

四是城市大脑应用场景由单一向联动转变。自 2019 年以来,杭州市公安交警部门深度探索场景应用,以 2019 年工程运输车引发的亡人事故为切入点,推进城市大脑由治堵领域向治理领域延伸。汇聚城管、建委等部门数据,建成城市大脑重点车辆管理平台,将工程运输企业、车辆、驾驶人及企业内部监管等数据全部纳入平台,开发建设闯红灯、超速、走禁行线、关闭 GPS 等 13 类违法行为实时预警模型,对平台报送的预警信息坚决做到落地查处。同时,将支付宝"智安通"平台作为工程运输企业、车辆及驾驶人治理落脚点,同步推出"民警、企业、驾驶人"模块,实现全市 1266 家工程运输企业在线率达100%、28674 名驾驶人安装率达 100%、28675 辆重点车辆在线率 100%、驾驶人驾驶期间在线率达 95%以上。

### (四)建设成效

一是交通拥堵得到了有效缓解。2016 年,受二十国集团领导人杭州峰会施工影响,杭州市拥堵指数一度达到 2.01,排名全国第二。随后,全市紧密推进城市大脑建设及道路、地铁建设,在多方共同努力下,2019 年,延误指数降至1.57,全国排名第 39 名。2020 年以来,受新冠疫情影响,公共交通出行分担率下降,全市道路可通行面积受施工影响下降 14%,整体情况与 2016 年相仿,公安交警部门坚持"大脑+手脚"警务组织模式,交通事件 1 分钟快撤、5分钟到达率在全市域达到 80%,快速路已达到 91%,整体拥堵排名保持在全国大中城市 30 位左右。整体交通状况的健康度始终保持在全国大中城市的中上游水平。

二是亡人事故得到了有效遏制。随着亚运场馆及地铁施工深入,杭州市工程车保有量由 2019 年的 1.8 万辆增加到 2020 年的 2.4 万辆,工程量大幅增加。在此情况下,截至 2020 年底,全市涉及大货车死亡人数 171 人,较2019 年同期减少 41 人,其中全市工程车死亡人数减少 14 人,下降 35.9%。截至 2020 年 12 月,全市交通事故共造成 488 人死亡,同比减少 185 人,下降27.49%。

三是建成全市交通类数据汇聚、共享中心。自 2017 年开始,公安交警部门坚持"边升级改造、边数据融合、边开放共享"的原则,按照市委强调的"要把数据加工成为生产资料、血液"的要求,组建专门的数据治理小组,挖掘数据资源潜能,规范数据处理流程。在汇聚近 15 年建设的智能交通系统数据同时,在数据局的大力支持下,融合互联网、政府部门及社会各界关于交通类的数据。目前,共梳理接入 487 项、9000 多亿条数据,基本形成了"统一调度、精准服务、安全可控"的数据资源服务体系。2019 年以来,交警云平台已为城管、建委、卫健及杭州东站枢纽等多个平台和场景提供了 278 项、8700 余万次的数据支撑,并率先以"两客两货"车辆及重点运输企业场景为切入点,在各政府部门之间打破行政壁垒,实现线上共治。

### (五)启示与展望

"畅快出行"场景的应用,是基于城市大脑的数据融合与算力能力,也是数据赋能城市交通拥堵的尝试,其意义不仅在于交通治堵,更大的意义在于交通管理者理念的变革,对于数据力量的重新认识,是交通治堵到交通治理的起点。"畅快出行"场景正着力推进以下方面的工作。

在治理安全方面,以五色图为抓手,以交通事故、交通违法为关键指标,对社区(村)、运输企业、道路进行赋色管理,进一步加大源头治理、综合治理力度。

在治理拥堵方面,以拥堵指数为切入点,布建 ETC 感知设备,通过流量分析,还原车辆 OD(origin destination,交通出行)轨迹,建设可变车道、潮汐车道、智能信号灯,疏通"毛细血管",优先公共交通,对城市交通进行精准智控,实现道路资源利用最大化。

在服务民生方面,以电子驾驶证二维码、机动车行驶证二维码为抓手,建成交通违法、事故线上处理中心,实现民警线上处理违法和事故;建成基于互联网地图的一站式服务中心,以驾驶证、行驶证二维码为入口,实现全部公安交管业务的一站式入口、一站式服务;建成车驾管线上服务中心,推行购车、验车、换证"一件事"办理,实现群众办事"零跑",最大限度方便群众。

## 七、基层治理创新场景:医院、商圈综合治理

### (一)杭州武林商圈"通停通付"场景建设

#### 1. 场景介绍

杭州武林商圈依托城市大脑创新推出区域联动停车、优惠互认的"通停通

付"模式。通过对商圈内停车核销流程等进行数字化改造,建立闭环式流程,形成了车辆跨停车场停车可享受商圈各商场停车优惠的服务模式。"通停通付"被王坚院士评价为"首次打通了城市大脑停车系统和商场核销体系,让'先离场后付费'有了全新的内容;首次实现了不同主体间跨停车场优惠互认,商圈停车资源进一步有效配置,最终消费者多得益。"

2. 建设背景

千亿级武林商圈被誉为"杭州的心、城市的眼",是杭州乃至浙江最繁华、最时尚的商贸商务区之一。但进行数据分析后,发现了一些群众反映较多的问题。一是车位难找。武林广场周边有4000多个公共泊位却始终停车艰难,同时在2020年6月的抽样调查中发现,每8700辆左转车辆中就有2900辆发生了一次调头,350辆发生了二次调头,绕路的车辆较多。二是系统不同。各个停车场系统的服务商、财务结算体系、停车优惠领取页面都不尽相同,令消费者眼花缭乱,每到一个商场,消费者都要适应其规则和流程。三是优惠不通。以银泰百货会员日为例,由于其停车减免优惠只能在银泰百货下辖停车场使用,消费者在入口排起长队,而其他停车场较为空闲,出现了忙闲不均的情况。

3. 解决方案

(1)打破数据壁垒,推进场景智慧化落地。一是推进数字化改造,实现数据协同。对接第三方技术团队对武林商圈内三家商场会员体系、九个停车场停车系统、六种停车核销流程等进行数字化改造,打通不同停车场间的优惠结算环节,率先实现商场、停车场与城市大脑停车系统间的交互贯通。初步实现"先离场后付费"无感离场与会员停车减免自动核销的同步结合,有效提升"先离场后付费"使用率。

二是推进互认式合作,实现停车协同。通过武林商圈党建联盟平台,先后6次邀请商场、酒店、楼宇、物业等21家单位负责人共同商讨"通停通付",并制定"通停通付"合作框架,形成了车辆跨停车场停车可享受商圈各商场停车优惠的服务模式。同时,为商场、停车场与城市大脑停车系统打造统一的接口标准,打通技术关口。

三是建立闭环式流程,实现业务协同。当车辆进入武林商圈停车场时,城市大脑停车系统接收到入场信息,并将信息推送给三家商场会员系统,商场会员系统后台分析用户是否具有会员身份，根据情况实时反馈停车减免信息；在车辆离场时城市大脑停车系统自动核销优惠并将停车记录反馈至商场会员系统，形成闭环。系统间信息交互过程不足 0.5 秒。在随后的"T＋30"工作日内商圈各大停车场完成本月停车优惠金额的费用结算。

（2）制定规范原则，推进场景制度化运作。一是标准化执行。制定《杭州市下城区武林商圈"通停通付"》规范标准。该标准通过多个章节规范了适用范围、术语定义、通用模式、技术要求、合作战略及常见疑难解答等内容。特别是针对优惠规则，明确了商场与周边停车场优惠互认需遵循消费者导向、属地优先、时效最短优先、金额相近优先等叠加原则。其中，消费者导向为第一优先原则，即消费者同时获取两种不同停车优惠时，根据消费者实际停车情况，以最优减免金额进行核销。

二是常态化开展。针对武林商圈停车资源与需求配比情况，打造"平战结合"模式。平时实行"小通停"，即商场与周边停车场常态化联动，如银泰百货（武林店）与周边杭州大酒店、杭州大厦与坤和中心、杭州国大城市广场与雷迪森酒店。当武林商圈举办重大活动及商场店庆时，由主办方邀请各停车场加入，实现"大通停"区域联动，高效解决特殊节点停车场车位不足问题。

三是精准化启停。武林商圈停车服务延续了街道数字驾驶舱"数据指标"模式，即各类服务场景的启停由数据决定。一方面，将商圈停车服务场景产生的泊车、绕行、跨停车场减免核销等数据全部纳入街道数字驾驶舱进行管理，实现一屏实时展示；另一方面，商圈"通停"范围受各停车场停车指数变化影响，智能调整。例如，2020 年 9 月 30 日，银泰百货（武林店）与杭州大酒店停车场停车指数达到 0.95，系统自动将相距银泰百货（武林店）较远的延中大楼停车场纳入"小通停"联动范围，增加停车区域。

4. 建设成效

（1）打造舒心停车环境。自 2020 年 6 月武林商圈先后上线"停车引导""先离后付""通停通付"等场景以来，大幅改变了消费者对商圈停车难的刻板印象。消费者找车位时间从平均 25 分钟压缩至 8 分钟；平均停车离场时间从 45 秒压缩至 3 秒。

（2）实现资源高效配置。在"通停通付"场景启动前，商圈各停车场长期处于"忙闲不均"状态。例如银泰百货（武林店）会员日活动期间，商场停车场

200个车位停车指数高达3.69,但周边杭州大酒店118个车位停车指数却只有1.8,延中大楼155个车位停车指数仅为1.6。"十一"黄金周武林商圈启动"大通停",九个停车场的平均停车指数为2.023,各停车场日均停车指数最大差值不足0.5。

(3)推进治理能级提档。通过停车服务场景的运用,武林商圈九大停车场平均泊位利用率提升45%;平均延误指数下降6.6%;平均掉头率下降62%。十一黄金周期间,商圈平均停车指数0.75,泊位指数1.9,平均调头率下降65%,平均延误指数下降7%;商圈停车场日流转车次提升800辆以上。2020年9月26日开启"大通停"测试,天水街道数字驾驶舱显示当日交叉停车300余车次,享受商圈跨停车场停车优惠超过4200车次。

5. 启示与展望

城市大脑不仅是一个数字技术的集合体,更是一场刀刃向内的城市治理革命,这辆"车"的核心部件并非技术,而是先进的治理理念。它开启了一种新的治理方法,只要我们解放思想,坚定小街道也可以有大作为的信心,就可以让城市大脑以我为主,为我所用。城市大脑考验的是基层调配资源的能力,那就必须打破固有的"建设了"就等于"解决了","上网了"就等于"信息化"这种简单粗暴的传统思维。要求基层治理必须真正站在百姓的角度,通过业务协同、数据协同、社会协同,直击痛点难点,解决关键小事,让百姓更有获得感。

### (二)浙江大学医学院附属邵逸夫医院庆春院区周边治理

1. 场景介绍

停车诱导系统,整合利用医院周边停车场的空余泊位资源,向就诊群众提供泊位引导,实现到医院一路"抬头见泊位",看病不排队、通行不拥堵。

2. 建设背景

浙江大学医学院附属邵逸夫医院(以下简称邵逸夫医院)是集医疗、教学和科研于一体的公立综合性三甲医院,在浙江省内知名度较高,接待了省市乃至全国各地慕名而来的大量病患,日均接诊量超10000人次,就诊车辆日均1300辆。

邵逸夫医院庆春院区东至景昙路,南至采东路,西至秋涛北路,北至庆春东路,位于城市核心区主干道交会处,区域内商圈、学校、市场集聚,建设年代早,车位配比低。目前医院内部仅有 343 个停车位,远远无法满足就医人员及患者家属车辆停放需求,环院沿线车辆排队等候、违规停放车辆造成医院周边道路拥堵。机动车排队进场最长耗时可达 3—5 个小时,"停车难"问题尤为突出。

2020 年,上城区主动融入城市大脑建设,全域推进数字治理,不断完善"惠企直达、民生直达、治理直达"场景开发,聚焦民生需求,系统实施邵逸夫医院庆春院区周边治理项目,打通数据、制度和硬件堵点,成效显著,群众满意度大幅提升。

3. 解决方案

(1)纵横交汇,用数据挖潜力。一是数据汇集,研判分析找"堵头"。由上城区委改革办牵头,区数据局、区城管局、属地街道和邵逸夫医院等 11 个单位组成专班队伍。各单位分工,深度应用高峰接诊时段、日接诊量、周边道路分时段拥堵指数等多项数据,在"人、车、路、环境"等方面进行多维深度分析,梳理就诊车流量与现有泊位之间的矛盾、高峰就医时间段车辆滞留等核心问题,切实找准邵逸夫医院庆春院区周边道路交通拥堵、秩序混乱的"症结"和"病根"。

二是数据贯通,百米引流转"车头"。纵向,协同省卫健委打通浙江健康导航 APP 数据共享渠道,借力城市大脑"先离场后付费""畅快出行"等成熟场景,打通市城管、交警、部门数据。横向,整合街道、城管、交警,以及医院、周边商场停车场等多个信息化系统和 2213 个停车泊位数据。纵横数据交汇,在后台流转互通、运算评估,在前台实时更新、导视引流,为车辆计算出最优路径和周边可停停车场,数据预报、提前导引,使车辆分流更加"耳聪目明"。

三是数据驾驶,决策指挥刹"苗头"。搭建专项治理场景数字驾驶舱,可视化集成停车指数、泊位指数、延误指数,实时化呈现各指数变化情况,摸清医院周边拥堵"临界值"规律。赋能各服务管理部门和医院的精细化实时管理,如根据车流量分阶段在医院周边设置即停即下临时停车位,根据道路延误指数动态调整路口信号灯时间,根据泊位指数增派停车场现场管理人员等,以"数据算力"实现最优资源调度。

(2)里应外合,向治理要效益。一是点上优化管理。院方主动承担主体责任,以提高建设成本为代价,优化在建项目施工车辆通行。为方便就诊车辆快进快出,在保证"120"急救通道及停放空间的前提下,积极调整内部微循环线路,并将方便就诊停车的车位让给病患,医护人员让出的 230 个车位,占比 67%。率先开通"先离场后付费"服务,同时针对省内、市内赴院就诊车辆,后台数据实时更新,现场动态实时掌握。率先开通 ETC 支付功能,避免重复下载绑定车辆信息的情况,促进车辆快进快出。

二是面上协同治理。实行还路于民,取消庆春东路、景昙路、采东路等三面路段设置的机动车排队通道硬隔离,只在医院南门旁对有短暂停靠需求的车辆设置了 12 个 2 分钟临时泊位,配套安装 6 套违停抓拍摄像头同步运行。发挥党建共建优势,健风社区党委整合小区、市场停车资源,与医院实行错峰共享。采荷街道工委牵头,建立了一支由交警、城管、派出所、街道、社区、医院等多方协同的基层街区管理队伍,在医院周边违停较多、易堵路段进行布点,形成志愿者引导、协辅力量管控、执法人员威慑的合力,让路上的车"动起来"。

三是线上辅助协理。在沿线道路设立一级诱导牌 1 块、二级诱导牌 7 块、三级诱导牌 7 块,实时预报医院周边停车场的车位信息、道路信息,通过智能化道路指示牌,提前引导前往医院的车辆通行,合理分流道路车辆。

### 4. 建设成效

经过三个月线上线下的全面运行,项目实现了标本兼治,促量变为质变。根据城市大脑中枢系统后台数据比对计算,已实现日均导流车辆 180 辆,分流率达到 21.32%,周边主干道工作日高峰平均延误指数为 1.56,较启用前降幅达到 18%,大幅提升了周边通行效率。《杭州日报》《人民日报》《钱江晚报》《浙江新闻》等各大媒体争相报道,并获得杭州市领导的肯定。

### 5. 启示与展望

随着人们就医需求的不断增加,城市大脑对医院停车难的治理,是社会发展的必然产物。利用城市大脑来治理停车难的问题,不仅仅是为了保证医院能更好地为人民服务,也为其他城市的治堵提供了优秀的范例。城市大脑的医院周边治理案例是杭州数字赋能城市治理、努力成为新型智慧城市建设的实践范例。

虽然城市大脑在医院周边治理中已经取得了较好的成效,但是仍旧面临着一些挑战。在当今大数据时代,如何有效地让城市大脑对实时变动的数据进行精准有效的调用,是城市大脑治理更进一步的关键。例如,医院治堵案例上,城市大脑如果能"思考、判断"靠近车辆是否会停,会停多久,将会使治理效率大大提高。

第一,城市大脑的数据调配做基础。要想发展好智能城市,必须对大数据进行充分利用和筛选,城市大脑的"大"就是体现在数据的"大"。如果城市大脑的数据调用足够成熟,那就可以应用到各个不同的场景,因此打造完整的治理"大脑",还需要不断深化街道数字驾驶舱建设。

第二,打破界限协同合作是关键。停车难的解决,启发我们要想使得治理能够稳定快速进行,一是必须打破行政区划界限,直接对接各地的职能部门和街道,对城区间道路分界区域明确责任分工,建立共商机制,实现跨区域协同。二是必须打破行政层级界限,街道专班直接对接省市改革办和卫健等部门,与医院保持常态沟通,实现跨层级协同。三是打破了部门界限,通过"街道吹哨、部门报到",整合交警、城管、公安、数据等部门力量,实现跨部门协同。

第三,治理能力提升的突破口在于治理手段的优化。停车难的解决,实际上是治理手段的改变。对交警来说,要解决医院周边的停车问题,只有一个治理手段,就是硬隔离,也就是把行车的道路隔离出一部分用来排队。单一的治理手段,是很多治理问题无解的重要原因。医院周边治理案例展示出,治理手段的优化可以带来治理能力的根本性提升。打破固有思维,通过部门协同和资源协同,可以促使治理手段发生很大的变化。

## 思考题

1. 什么是城市大脑的场景,它有哪些主要特征?

2. 场景建设包含哪些方法?

3. 请尝试分析上述经典场景的数据和业务流程。

# 第六章　城市大脑的生长

城市大脑是杭州献给世界的礼物。从这里开始,城市大脑的经验、理念不断成熟,并向外辐射,中国越来越多的城市展开了建设城市大脑的探索。同时,它们的实践进一步夯实了城市大脑的理论架构,为城市大脑提供了肌理丰富的研究场域。城市大脑所建构的城市文明正展现出华灯初上的美好景象。

## 一、城市大脑的浙江实践

在杭州城市大脑的实践基础上,2019 年 6 月,浙江省出台《浙江省"城市大脑"建设应用行动方案》,提出了浙江省城市大脑建设与应用的指导思想、主要目标、基本原则、主要任务和工作保障。2020 年 8 月,浙江省印发了《深入贯彻习近平总书记考察浙江重要讲话精神加快城市大脑建设与推广工作方案》,进一步明确城市大脑建设总体要求、主要任务、时间安排和保障措施等。浙江省各个城市积极响应,纷纷启动城市大脑建设规划,目前部分城市已经取得了阶段性建设成效。

### (一)温州市城市大脑实践

温州在全面推进政府数字化转型,打造"整体智治、唯实惟先"现代政府坚实基础上,开启建设城市大脑赋能市域智能治理新征程,按照"应用场景和数字指挥同步建设、治理数据和城市资源在线连接"的理念,在短时间内迅速形成全市一盘棋,打造了以"数字驾驶舱＋业务调度台"为特色的城市指挥系统,形成了"以数治城、无微不智"的宝贵经验。温州城市大脑搭建了包括一个运营指挥中心、一个数据中心、五大支撑体系、"8＋X"板块在内的"1158＋X"基本架构,综合集成了经济运行、社会治理、智慧公安、城市智管、交通畅行、医疗健康、文化旅游、生态环保、市民生活等方面的65个应用场景,引领城市迈入"数治之城"。

温州将城市大脑作为承载城市治理"在线—协同—应用"的数字系统解决方案,横向连接部门业务系统直达应用场景,纵向贯穿区、县(市)分平台,并逐步延伸到乡镇、基层网格,前向统筹人工智能、大数据、区块链等新技术、新业态,后向整合政务服务网、政务云、物联网、5G等城市基础设施和数据资源,形成"一个平台"服务城市治理新模式,也为以后城市间信息互联互通搭建了基础设施。

业务调度台集成一批具有本地特色、数据协同的典型场景,按照部门、主题、领域进行分类,能够对城市实施全域全程的即时分析和管理,实现一屏调阅查看、一屏场景协同,领导看的信息更加全面,场景更具有治理意义和穿透力,提升整体智治工作水平。

温州城市大脑自2020年3月至2021年3月,已累计打通了169个业务系统,归集了14亿条数据,初步具备了实时感知、远程调度、应急指挥、便民惠民、开放共享等能力。

### (二)台州市城市大脑实践

台州城市大脑建设遵循浙江省政府数字化转型"四横三纵"体系,基于省市协同公共数据平台建设,形成"1＋5＋N"架构和数字驾驶舱模式。"1"即部署建设全市统一的城市大脑中枢系统;"5"即构建支撑城市大脑运行的计算、数据、算法、感知、安全五大能力系统,基础设施部署于台州市大数据中心机房,通过中枢协议推动各层级、各部门和各系统之间互联互通,促进业务协同、数据协同和政企协同,形成基于统一架构标准的城市大脑平台;"N"即依托城市大脑平台,聚焦公共安全、公共卫生、公共服务、城市管理、生态环境、信用体系等城市治理的"痛点"和"难点"问题,对标全省数字化治理典型应用场景建设要求,开发N个场景化多业务协同重大场景。数字驾驶舱作为全方位治理城市的分析系统,为不同层级和管理人员实时展示城市运行各方面数据。台州成立了由市委书记、市长担任组长的城市大脑建设工作领导小组,组建台州市大数据发展有限公司负责城市大脑运营。台州城市大脑在省内首次实现了与杭州城市大脑的互通互联,为城市间协同创新奠定了良好的基础。

台州于 2020 年 7 月快速建成全省最新标准的市级公共数据平台,一年内归集数据 83 亿条,申请使用省级接口 2315 个,开通批量数据空间 29 个,调用数据 13 亿次,支撑保障市县两级各类应用 202 个。目前已发布海洋云仓、空气卫士、地下水污染防控、防汛防台、船港通、建筑云图、街面治理、安监智控、疫情控、药安云管、国土空间基础信息、交通态势、经济运行监测分析、小微金融、医疗电子票据、出生一件事、养老在线、物业管家等18 个应用场景。

### (三)衢州市城市大脑实践

衢州认真落实国家大数据战略和省委省政府数字经济"一号工程"决策部署,将城市数据大脑建设作为推动治理体系和治理能力现代化的"关键一招",坚持"资源统筹一本账、系统整合一张网、工作联动一盘棋",按照"一张网、一朵云、一池数据、一个大脑、一个中枢"原则,在基层治理、民生服务、产业创新、城市发展等多个领域打造出 70 多个场景化多业务协同创新应用,使城市数据大脑迭代成为"数据全集聚、管理全覆盖、应用全场景、应急全天候、服务全方位"的高能级城市治理平台,为建设"重要窗口"提供强劲智慧支撑。

衢州依托城市大脑,在基层治理方面,充分利用雪亮工程和智慧基层治理四平台的建设成果,构建以"三通一智(治)"为主体架构的智慧衢州线上操作平台体系;在民生服务方面,基于神经网络的智能化公共服务覆盖全体市民,推动智慧交通、智慧健康、智慧旅游等专项应用,提升百姓的获得感与幸福感;在产业创新方面,中枢系统协同数字乡村、工业互联网、智慧金融等系统,推进财政、税收、金融、价格、能源、国资、商务、公共资源交易等领域数字化应用,数字经济换道超车成为发展新动能;在营商环境方面,中枢系统协同国家政务信息系统、政务 2.0 平台、投资项目在线审批监管和社会信用体系。

衢州城市大脑实现了基于实时流量和人工智能的信号灯智能调度,全面完成了市区的信号灯配时优化,保证路口通行能力处于单点最优或区域最优。衢州城市大脑主要服务于社会治理,特别在人脸识别、计算机视觉、通用算法、自助建模等方面积累了较强能力,并积极运用到新型智慧城市的各类应用中。自衢州城市大脑在治安领域应用以来,在刑事案件侦查、不文明行为曝光、隐性吸毒人员排查、流动人口和出租房精准化管理等方面起到积极辅助作用。

### (四)丽水市城市大脑实践

丽水"花园云·城市大脑"是基于政府数字化转型公共数据平台,支撑跨领域、跨行业的协同应用而建设的通用平台。依托政法委综合信息指挥中心进行同步建设,为全市各领域业务应用逐步共享资源提供保障。

丽水"花园云·城市大脑"以生态文明思想和"绿水青山就是金山银山"理念为指导,坚持生态为基,突出全域统筹,通过利用云计算、大数据、物联网、人工智能等新技术、新方法、新思想,有序建设生态环境感知网络、生态环境数据资源支撑体系、生态治理协同监管应用、生态环境地图等城市生态治理数字基础设施,深度融合信息化、新型工业化、城镇化、农业现代化建设进程,全面协调经济、政治、文化、社会的可持续化发展,不断提升丽水绿色生产力,持续推进丽水全域生态治理数字化、标准化、智能化,实现 GEP(生态系统生产总值)、GDP 协同增长,助力将丽水打造成环境生态优美、生活舒适宜居、社会管理创新、公共服务便捷、人与自然和谐的城市大花园。

通过引入物联网、卫星遥感、低空航测以及自动监测等技术,提高对水、气、土等环境要素中各种污染物的全面实时感知能力,形成覆盖全市的天地空一体的生态环境监测、监控体系。通过打造丽水公共数据平台,归集整合全市各部门数据,实现数据共享开放,为生态治理应用提供大数据支撑。通过构建业务协同模型和体系,打造具有准确性、有效性和可控性的生态环境监管新模式,强化生态治理能力。加快推进"秸秆焚烧监管""企业污染源监管""噪声管理""全域农业化肥使用监管""餐饮油烟污染在

线监管""工地（渣土车）智能监管""河道砂石资源监管"等一批场景化应用
建设，破解部门职能交叉，群众反映强烈的热点、痛点、难点问题。以生态
相关场景为切入口，通过构建场景触发、事件处置、结果反馈的多业务协同
机制，自动派发任务、流转责任部门，打造高效协同作业流水线，提升生态
治理能力，并且与丽水"绿谷分"（个人生态信用分）进行联动，为特定场景
和高信用市民提供优质服务，让群众切实感受生态惠民成果。搭建"生态
视窗"平台，以"原汁原味展示好山好水好风光"为核心目标，通过构建前端
实时采集、后台汇集视频数据、终端内容运营的运行机制，以直播、精编等
形式，让社会公众通过电脑端、手机端、大屏端等渠道，在线观赏丽水生态
风光。

通过物联感知设备和公共数据平台，汇集生态数据，包括空气质量指
数、PM2.5、水质等级等指标，实现高质量、多维度、全方位前端数据汇集；
后端建成视频直播平台和素材数据中心，同时，组建内容制作团队，按气
象、风光类型对采集的图片、视频打标签，并据此建设各类主题素材库，同
时利用标签信息对点位进行大数据分析，为各地开展风光营销、摄影采风、
旅游信息服务提供数据支持，推动"云游丽水"到"人游丽水"。

### （五）湖州市城市大脑实践

湖州城市数字大脑是基于浙江省数字化转型"四横三纵"架构搭建的，
也是国内首个将应用组件功能投入实战的城市大脑。按照"一网感知万
物、一屏掌控全城、一机走遍湖州、一业催生蝶变"的目标要求，在推进全市
政府数字化转型和现代智慧城市建设工作方面取得了标志性成果，包括建
成全国首个具有应用组件的城市大脑，并入选国家新型智慧城市建设典型
优秀案例，率先启动湖州城市数字大脑驾驶舱建设；率先在全省实现政务
网络四级贯通，启动"万物智联强市"建设，加快推进吴兴数字特色产业集
聚区等新平台，进一步推动智慧基础和智慧产业发展；基于湖州城市数字
大脑，不断完善掌上生活服务平台，涵盖了智慧出行、智慧消费、智慧旅游、
智慧医疗等方面，让民生事项办理更加高效快捷。

目前湖州已完成71个部门248个业务系统入云；同时累计归集数据

287亿条,初步建成人口库、法人库、空间地理信息库。在新冠疫情期间,基于城市大脑强大算力,更是率先实现老年人、未成年人"健康码"线上代办。以统一视频、统一地图等通用组件为突破口,实现应用开发从分散建设向模块组装转变。其中统一视频整合接入21个部门共计14.8万路公共视频资源,已支撑违停抓拍、垃圾分类等25个业务场景高频调用。

湖州城市大脑数字驾驶舱基于大数据、人工智能技术对A(鸟瞰舱)B(基础舱)C(总舱)N(主题舱)架构下的湖州全域数据进行智能化分析与运营,构建起城市运行监测、管理、处置、决策四大领域的智慧化数据发展管理雏形。数字驾驶舱主题舱还根据不同问题、需求切入不同场景,目前已建成数字乡村、智慧健康、民意热线、智慧医保、智慧治气、无废水运、智慧交通等十余个首批应用场景。

湖州安吉在浙江省率先开展"两山银行"试点建设。"存入"绿水青山,"取出"金山银山。建设发展中的"两山银行",对需集中保护开发的耕地、园地、林地、湿地及可供集中经营的村落、集镇、闲置农村宅基地、闲置农房、集体资产等碎片化资源资产,进行摸底、确权、评估后整合推向市场,实现生态资源向资产、资本的高水平转化。在安吉试点工作的基础上,湖州出台了《湖州市全域推进"两山银行"建设工作方案》,积极推动各区、县(市)探索形成多元化生态产品价值实现路径。

## 二、城市大脑的全国实践

### (一)南昌市城市大脑实践

借鉴杭州经验,江西南昌的城市大脑体系以"六个一"(一个城市云平台、一个中枢系统、一个城市视频平台、一批应用场景、一个领导驾驶舱、一个城市大脑客户端)为核心,统一计算支撑、数据整合、算法服务、感知汇聚、安全保障,不断建设、接入、叠加、升级分平台和应用场景,支撑跨领域、跨行业的协同应用。通过城市大脑打通城市数据,让城市管理更智慧。

南昌的"交通不限行"场景,接入卡口监控数据和公交车、出租车GPS

实时数据,实现了交通态势每分钟实时更新,能使管理部门比互联网平台更早知道拥堵情况。通过场景的建设,管理部门实现了业务流程再造,改变了过去依靠紧盯监控大屏、上路巡查和市民报警发现拥堵的方式,以数字化的方式形成了"1分钟快速发现并及时响应,3分钟调度指挥路面警力快速到达现场,对轻微事故、简单故障5分钟全力恢复交通,对较大以上事故全力疏导"的"135"快反机制闭环,实现"大脑"与人脑最快协同,"算力"与警力最佳融合。自2020年场景试运行以来,10月、11月全市交通拥堵指数分别为1.26、1.28,同比均下降0.01;平均车速分别为36.7千米/时、36.2千米/时,同比限行期33.3千米/时、32.7千米/时分别提升10.2%、10.7%,各项健康指数位居全国省会城市前列,实现了"车辆不限行,交通不拥堵"的双重效益。南昌是首个通过城市大脑与杭州联通的省外城市,实现了对在杭州工作生活的南昌困难群众的精准服务,演绎了扶贫"双城记"。

南昌城市大脑一期2020年12月29日正式上线,打通了53个市直部门、11个省直部门1193类数据,实现了20多亿条数据的共享协同和跨部门、跨区域共同应用。通过布局交通出行、医疗健康、脱贫攻坚、文明创建等领域的六大应用场景,为市民提供了更便捷、精准的公共服务,提升了市民的获得感、幸福感和安全感。

### (二)普洱市城市大脑实践

云南普洱按照"统一规划、统一标准、统一平台"的要求,在充分借鉴杭州城市大脑建设的先进经验和做法的基础上,全面推进城市大脑项目建设。

一是城市大脑中枢系统落地实施。基于"飞天"提供的基础云服务,普洱部署并建成城市大脑中枢系统,作为杭州城市大脑中枢系统在全国推广落地的第一个城市,已实现杭州城市大脑技术经验向其他城市的输出与赋能。

二是城市大脑数字驾驶舱合作共建。普洱从实际情况出发,项目建设中引入当地合作伙伴共同建设数字驾驶舱,有力推进普洱城科学化治理。

第一批上线的数字驾驶舱为：市级数字驾驶舱、创文数字驾驶舱、党建数字建设驾驶舱和扶贫数字驾驶舱，城市治理者通过一台电脑、一部手机、一部平板就可以看到城市的各类指标数据。已完成市级数字驾驶舱 1 个、部门驾驶舱 6 个、区（县）数字驾驶舱 2 个。

三是城市大脑场景探索实践。普洱城市大脑还将结合普洱的实际情况，推出更多的应用场景，解决更多的社会问题，比如舒心就医破解看病流程烦琐问题、便捷泊车系统破解停车难问题、警务操作系统加固城市治安防线、亲清在线实现补贴秒到账等场景，为人们打造一个全新的数字普洱。

在城市大脑项目建设中，普洱做到了"三个率先"。一是在全国率先提出并实现城市数据互联，将杭州与普洱的友好城市合作关系从经济、产业、文化的连接延伸到了数据的连接。二是在全省率先实现了省统建系统数据的地方使用。三是在全省率先实现跨部门的数据协同。普洱城市大脑已完成中枢系统搭建，建设市级数字驾驶舱 1 个、部门驾驶舱 6 个、区（县）数字驾驶舱 2 个，迈出了城市大脑从理念蓝图到初步实现的一大步。

### （三）天津市城市大脑实践

天津城市大脑主要通过搭建城市智能中枢，构建城市运行态势数字驾驶舱，以及创建政务服务与城市治理领域多元化应用场景。以场景牵引和数字赋能为主线，统筹谋划、协同推进数字经济、数字社会和数字政府建设，夯实城市数字底座，持续推进大数据、人工智能、云计算、数字孪生、5G、物联网和区块链等新一代数字技术应用和集成创新，全面赋能城市治理手段、治理模式和治理理念创新。

天津城市大脑重点实现"部门通""系统通""数据通"，通过搭建"轻量化、集中化、共享化"的城市智能中枢，打造通用平台。目前已实现市场监管委、市政务服务办等 14 个部门 16 个系统的数据、业务协同。以"一屏观津门"为展示平台搭建数字驾驶舱，通过构建城市运行生命体征指标体系，实现城市运行态势一屏统揽、城市运行体征的全局监测和智能预警，从而提供准确、全面、实时、可量化的数据支撑，实现"一屏统揽城市运行、一屏统管城市治理"。目前，数字驾驶舱已搭建完成"1＋5＋N"的总体架构，统揽城市运行;五大专题板块紧抓城市治理要点,涵盖交通运行、医卫防疫、政务服务及城市治理;N个场景屏体现城市大脑在"数字治理""数字惠民""数字惠企"三大领域构建的协同创新服务成效。同时,天津城市大脑从数字治理、数字惠企、数字惠民三大领域出发,按照三年建设规划打造一批具有牵引性、普惠性、感知性的范式应用场景,推动城市治理和公共服务数字化,已接入交通新业态、津工智慧、两津联动、疫苗接种、重点关爱群体、冷链追溯六大应用场景,还将重点建设智慧矛调、民生直达等场景。

天津市2021年8月印发的《天津市加快数字化发展三年行动方案(2021—2023年)》中提出,打造城市大脑,构建支撑各行业各领域数字化发展新底座,包括建设三个城市大脑前端综合应用平台、打造城市大脑中枢系统、构建城市运行态势数字驾驶舱、全面支撑城市数字化发展等四方面任务,打造让百姓有感知,企业能发展,治理更智慧的城市大脑天津模式。

### (四)长春市城市大脑实践

吉林长春在借鉴杭州经验基础上,立足城市特质、做好超前设计,用好基础设施平台资源和基础数据,实现数据及时更新、信息共享畅通,让数字赋能城市治理和服务百姓。在政数局的统筹规划下,形成了一个运行指挥中心、一套基础设施、一个中枢系统、四个支撑体系、N个应用场景、三个统一出口的总体设计方案,通过城市大脑建设实现了业务流程再造。以交通治堵场景为例,除了实现海量数据汇聚、交通态势实时感知、拥堵识别数字化、拥堵治理实战化、智慧诱导和业务应用等功能外,其特色在于成因诊断智能化。

首期完成城市大脑中枢系统、数据基础服务等七大能力平台建设和政策直达、交通治堵等12个应用场景建设。

### (五)合肥市城市大脑实践

借鉴杭州城市大脑的实践,城市大脑建设是合肥推动全市治理体系和治理能力现代化的重要抓手。合肥初步构建了以"政务云+城市中枢平台

＋典型应用"的城市大脑框架体系；初步确定"2＋3＋4＋N＋1＋1"城市大脑建设思路，即构建两级联动市县大脑，夯实网络、政务云、物联三步基础设施，完善城市中台，深化 N 类智慧应用场景，集成一套城市管理服务入口，夯实一套综合支撑系统，以政务云作为基础设施，城市中台作为核心中枢，共同支撑着城市大脑的运转。合肥市统一思想，统一规划，深化城市大脑建设。

一是聚焦基础建设，推进一云一网建设。目前，已建成覆盖市、县、乡、村四级的电子政务外网，有效开展量子通信在电子政务外网等领域的探索应用，完成合肥政务应急指挥调度数字通信专网、视频专网建设。建设完善新一代电子政务外网政务云、行业云，初步形成较为完善的政务云体系。

二是聚焦数据共享，促进数据资源整合。夯实大数据基础服务能力，持续建设完善城市中台，优化完善数据资源采集、传输、存储、计算、处理、确权、使用、流通、赋能等环节的运营机制，编制数据需求清单、责任清单，开展数据治理，提升数据共享质量，加强数据赋能开放。截至 2020 年底，累计汇集 63 个市直部门，96 个区县部门近 311 亿条数据，深度挖掘生产 1870 个信息能力，累计为市民减少 1007 万次跑腿。

三是聚焦城市管理，推动重点领域建设。合肥初步建成了全市统一的城市治理、公共安全、城市服务、信用信息等智慧城市应用体系，在提升城市管理与服务水平、促进产业升级、提高市民生活品质等方面取得了明显成效。

合肥以城市生活和城市发展为重心，提高城市承载力，大力培育数字经济，持续推进智慧城市创新发展，计划进一步完善城市大脑数字底座体系，加速数据流通融合，提升政务大数据综合治理能力，加强大数据公共服务支撑，推动行业数字化转型升级，加快城市大数据创新应用。

合肥城市大脑统一搭建了政务云平台，建成统一的市级大数据平台，接入合肥近 200 个业务系统、汇集数据 8840 类 231 亿条，治理完成 73 个部门 2438 张数据表，编制上线了 6198 类数据资源共享目录、电子证照 189 类 3135 万套，实现了长三角 41 个城市 65 个事项异地通办。

## 三、城市大脑与城市文明

1996 年,美国学者尼葛洛庞帝在他的著作《数字化生存》中描绘了一个新的虚拟的、数字化的生存活动空间,在这个空间里,生存、活动于现实社会的人应用数字技术(信息技术)开展信息传播、交流与交往行为,即"数字化生存"。在尼葛洛庞帝勾画数字时代蓝图的 25 年之后,以"迈向数字文明新时代——携手构建网络空间命运共同体"为主题的世界互联网大会在中国乌镇召开。习近平主席向大会发来贺信并强调:"中国愿同世界各国一道,共同担起为人类谋进步的历史责任,激发数字经济活力,增强数字政府效能,优化数字社会环境,构建数字合作格局,筑牢数字安全屏障,让数字文明造福各国人民,推动构建人类命运共同体。"①这是首次以文明的提法去定义数字生活,定义数字未来。

从数字化生存到数字文明,计算机与互联网像推测的那般席卷全球,人类社会正在进入以数字化生产力为主要标志的全新历史阶段,数字技术正在推动生产方式、生活方式和治理方式实现根本性重塑,突破传统时空限制和技术壁垒,深刻改变现实社会形态、空间生态和生活状态。与此同时,聚集了大多数的人口、绝大多数的经济活动,以及几乎全部的知识和创新的城市也在经历数字化、智能化和智慧化的建构。城市大脑的滥觞和生长书写了新的城市文明,其衍生出的城市数字技术、城市数字治理、城市数字人文精神等概念和范式成为城市文明的新注脚。同时,城市大脑传递了科技向善、治理向善的城市文明价值理念,奠定了城市文明的幸福基石。

### (一)文明的高度

文明(civilization)一词源于拉丁文 civis,意为城市的居民,可见其最初的含义就是人民生活于城市和社会集团中的能力,后延伸为技术框架、制度安排、生产关系结构等先进的社会和文化发展状态。美国学者刘易斯·芒福德指出,城市的诞生、演变和消亡的历史循环反映了人类文明演进过程

① 习近平向 2021 年世界互联网大会乌镇峰会致贺信[N].人民日报,2021-09-27(1).

的定律。农业文明时代,城市以农业化为主,技术水平低下,世界人均GDP缓慢增长。随着商业经济的发展与推动,贸易与经济流动使具备集聚效应的城市更加集中化发展,城市文明从雅典古城、罗马古城、西安古城发展到唐代长安、宋代幽州、意大利威尼斯等形态。工业文明时代,城市成为工业生产中心,城市化进程加快,从蒸汽机到电动机再到电子计算机,技术转化为生产力的周期越来越短。洛杉矶、大阪、香港等商业高度繁荣的城市文明形态脱颖而出。

然而,传统工业化发展造成人类居住环境恶化,带来深刻的环境危机,产生了诸如交通堵塞、空气污染、缺水、电荒等的"城市病";同时,当下的城市是"被极其碎片化的,城市里的各种功能各守一隅,缺乏协同"。这些问题指示着城市文明演进的路径。我们需要一个新型的城市文明形态,让城市成为一个整体,让人和技术充分融合,让社会公共资源得到最大效率的使用。这就是城市大脑构建的城市文明,是贯通人、物、信息多重网络的城市系统,通过数字化手段实现城市物质、地理之间的广泛连接,政府、企业、个人之间的交往互动与协调合作,以及经由群体感知和生活叙事而获得的文化认同和情感归属。

### (二)向善的尺度

城市大脑赋能的城市文明是向善而生的文明。科技创新在给人类带来福祉的同时,也带来许多新的伦理挑战。因此,必须更加强调科技向善的理念。无论是城市大脑技术体系中的考量和算法规则设计,还是法律规范意义上的治理,城市都需要从一开始就遵循"善治"导向。科技向善,治理向善,"什么不能做""什么更重要"是城市大脑与城市文明建设中需要时刻关切的问题和价值取向。

数字时代,人对技术的依赖达到空前,而人与技术的矛盾、技术与自然的矛盾不可调和,其背后更隐含着公平与效率、工具与价值、创新与安全、人类与自然、权利与责任、隐私与共享等的互构关系。城市文明的向善就是处理好这一系列矛盾关系的过程。城市大脑民生直达平台通过数据协同、流程再造,基于云计算服务,自动匹配公共信息,查找服务对象,实现

"政策找人",将补助及时、精准发放到市民,最终实现普惠性享受公共服务"一次都不用跑",救助政策覆盖"一个都不少""一天都不差"。对于"残疾人轮椅车燃油补贴"事项,原先要个人申请、三级审批,如果不知晓政策或者申请材料不全,就会出现遗漏补助、无法补助的情况。现在,通过残联、车管所等部门的数据协同,系统从后台自动获取公共信息,形成补助名单,一定程度上实现了公平与效率的平衡。

《杭州城市大脑赋能城市治理促进条例》第十二条规定:"公共管理和服务机构在推进城市大脑赋能城市治理工作中,应当关注低收入人群、残疾人、老年人等群体利益,确保决策和公共服务资源配置透明可释、公平合理,并完善线下服务和救济渠道,保障公民选择服务方式包括传统服务方式的权利。"低收入人群、残疾人、老年人群体是弱势群体,城市大脑相关法规的制定体现了"善治"导向,为"数字难民"的救济,以及"数字鸿沟"的填补给出了建设性方案,也为数字权力的滥用设置了约束。

### (三)幸福的温度

城市的核心是人,幸福城市建设不断推进意味着城市中的人的幸福感不断增强。城市大脑的主创思路与"以人民为中心"的发展理念无缝吻合,再以系统化数字方案集成城市的感知能力,并进一步实现城市发展和治理中的心手相应,也就达成了幸福的基础条件。城市大脑的运用,使得以提升人民幸福感为宗旨的城市文明变得更加现实。

城市大脑建设以问题为导向,呼应城市治理的"痛点""堵点"和群众反映强烈的"热点""难点"。"畅快出行""先离场后付费""多游一小时""先看病后付费""医院周边治理"等经典治理场景均折射了城市个体的视角。以城市大脑"治堵"为例,城市交通满意度,是一个城市居民测量幸福感的重要指标之一。城市大脑数据协同创造的"延误指数"的提出源于一个认知,即一个路口堵不堵的评判基础是民众通过该路口对拥堵感的体验。以通畅时段通过该路口的时间为基准,通过路口实时数据的抓取计算通过时间,将延误的时间长短作为拥堵程度评价的标准。根据数据分析,如果延误指数不超过 1.4,百姓基本上感觉不到;但是若达到 1.4—1.5,就会有堵车的感觉,再增加,那么堵车带来的不幸福感就会递增。可以说,城市大脑真正关照了城市中人的情感体验。

以人为本,数字赋能,是城市大脑通往幸福城市的密码。在这里,人人都是数据的生产者、治理者、使用者、获益者。如果还能激发每一个居民对城市做出贡献的意愿或动力,与城市管理者同向而行,那么这将是更加值得期待的新故事。

## 思考题

1. 除了本章涉及的城市,全球还有哪些城市大脑的案例?

2. 不同城市在建设城市大脑的过程中体现出何种差异性?

3. 城市大脑与城市文明的关系如何?城市大脑作为城市基础设施如何提升人民的幸福感、获得感、安全感?

# 参考文献

阿里云智能—全球技术服务部.云上数字化转型[M].北京:机械工业出版社,2021.

北京大学国家治理研究院.国家治理现代化研究:第五辑[M].北京:中国社会科学出版社,2020.

曹海军.国外城市治理理论研究[M].天津:天津人民出版社,2017.

曹海军,霍伟桦.城市治理理论的范式转换及其对中国的启示[J].中国行政管理,2013(7):94-98.

陈水生.技术驱动与治理变革:人工智能对城市治理的挑战及政府的回应策略[J].探索,2019(6):34-43.

陈兴蜀,葛龙.云安全原理与实践[M].北京:机械工业出版社,2017.

国家发展改革委首次明确新基建范围[J].环境经济,2020(8):5.

郭倩.央地加码"十四五"新型基础设施建设[N].经济参考报,2021-10-12(1).

胡象明,唐波勇.整体性治理:公共管理的新范式[J].华中师范大学学报(人文社会科学版),2010,49(1):11-15.

黄正洪,赵志华,唐亮贵,等.信息技术导论[M].北京:人民邮电出版社,2017.

何强.企业迁云实战[M].北京:机械工业出版社,2017.

李灿强.美国智慧城市政策述评[J].电子政务,2016(7):101-112.

李国杰,程学旗.大数据研究:未来科技及经济社会发展的重大战略领域——大数据的研究现状与科学思考[J].中国科学院院刊,2012,27(6):647-657.

李德毅.人工智能导论[M].北京:中国科学技术出版社,2018.

刘岐.城市基础设施是制约城市发展的重要因素[J].城市规划,1983(1):18-19.

林子雨.大数据技术原理与应用[M].北京:人民邮电出版社,2021.

罗卫东.数字化让城市生活更美好[J].群言,2021(3):12-15.

芒福德.城市发展史:起源、演变和前景[M].宋俊岭,倪文彦,译.北京:中国建筑工业出版社,1989.

尼葛洛庞帝.数字化生存[M].胡泳,范海燕,译.海口:海南出版社,1997.

潘银松,颜烨,高瑜,等.计算机导论[M].重庆:重庆大学出版社,2020.

唐斯斯,张延强,单志广,等.我国新型智慧城市发展现状、形势与政策建议[J].电子政务,2020(4):70-80.

陶勇.协同治理推进数字政府建设——《2018年联合国电子政务调查报告》解读之六[J].行政管理改革,2019(6):70-74.

王敬波.面向整体政府的改革与行政主体理论的重塑[J].中国社会科学,2020(7):103-122,206-207.

王树徽,闫旭,黄庆明.跨媒体分析与推理技术研究综述[J].计算机科学,2021,48(3):79-86.

吴志强,柏旸.欧洲智慧城市的最新实践[J].城市规划学刊,2014(5):15-22.

吴明晖,李卓蓉,金苍宏.深度学习应用开发:TensorFlow实践[M].北京:高等教育出版社,2022.

亚里士多德.政治学[M].吴寿彭,译.北京:商务印书馆,1983.

俞可平.中国治理变迁30年(1978—2008)[J].吉林大学社会科学学报,2008(3):5-17,159.

郁建兴,黄飚."整体智治":公共治理创新与信息技术革命互动融合[J].人民周刊,2020(12):73-75.

张桐.迈向共建共享的城市治理:基于对西方两个代表性治理理论的反思性考察[J].城市发展研究,2019,26(11):96-101.

张立荣,陈勇.整体性治理视角下区域地方政府合作困境分析与出路探索[J].宁夏社会科学,2021(1):137-145.

张文显.构建法科共治、法德共治、多元共治的法律秩序——共治:补齐治理短板[N].北京日报,2020-08-03(9).

中共杭州市委关于做强做优城市大脑 打造全国新型智慧城市建设"重要窗口"的决定[J].杭州,2020(12):20-25.

中共中央马克思列宁恩格斯斯大林著作编译局.马克思恩格斯文集[M].北京:人民出版社,2009.

《2018年版世界城镇化展望》报告发布[J].上海城市规划,2018(3):129.

Colebatch H K. Making sense of governance[J]. Policy and Society,2014,33(4):307-316.

Rhodes R A W. Understanding Governance[M].Buckingham:Open University Press,1997.

Rhodes R A W. Understanding governance:Ten years on[J]. Organization Studies,2007,28(8):1243-1264.